中华人民共和国
新法规汇编

2024

第 10 辑

司法部 编

中国法治出版社

编辑说明

一、《中华人民共和国新法规汇编》是国家出版的法律、行政法规汇编正式版本，是刊登报国务院备案并予以登记的部门规章的指定出版物。

二、本汇编收集的内容包括：上一个月内由全国人民代表大会及其常务委员会通过的法律和有关法律问题的决定，国务院公布的行政法规和国务院文件，报国务院备案并予以登记的部门规章，最高人民法院和最高人民检察院公布的司法解释。另外，还收入了上一个月内报国务院备案并予以登记的地方性法规和地方政府规章目录。

三、本汇编收集的内容，按下列分类顺序编排：法律，行政法规，国务院文件，国务院部门规章，司法解释。每类中按公布的时间顺序排列。报国务院备案并予以登记的地方性法规和地方政府规章目录按 1987 年国务院批准的行政区划顺序排列；同一行政区域报备两件以上者，按公布时间顺序排列。

四、本汇编每年出版 12 辑，每月出版 1 辑。本辑为 2024 年度第 10 辑，收入 2024 年 9 月份内公布的法律 2 件、行政法规 3 件、国务院文件 3 件、报国务院备案并经审查予以登记编号的部门规章 15 件、司法解释 1 件，共计 24 件。

五、本汇编在编辑出版过程中，得到了国务院有关部门和有关方面以及广大读者的大力支持和协助，在此谨致谢意。

司法部

2024 年 10 月

目　录

法　律

行政法规

国务院文件

国务院部门规章

司法解释

附：

法　律

中华人民共和国国防教育法

（2001年4月28日第九届全国人民代表大会常务委员会第二十一次会议通过　根据2018年4月27日第十三届全国人民代表大会常务委员会第二次会议《关于修改〈中华人民共和国国境卫生检疫法〉等六部法律的决定》修正　2024年9月13日第十四届全国人民代表大会常务委员会第十一次会议修订　2024年9月13日中华人民共和国主席令第30号公布　自2024年9月21日起施行）

目　　录

第一章　总　　则

第一条　为了普及和加强国防教育，发扬爱国主义精神，促进国防建设和社会主义精神文明建设，根据宪法和《中华人民共和国国防法》、《中华人民共和国教育法》，制定本法。

第二条 国家在全体公民中开展以爱国主义为核心，以履行国防义务为目的，与国防和军队建设有关的理论、知识、技能以及科技、法律、心理等方面的国防教育。

国防教育是建设和巩固国防的基础，是增强民族凝聚力、提高全民素质的重要途径。

第三条 国防教育坚持以马克思列宁主义、毛泽东思想、邓小平理论、“三个代表”重要思想、科学发展观、习近平新时代中国特色社会主义思想为指导，坚持总体国家安全观，培育和践行社会主义核心价值观，铸牢中华民族共同体意识，使全体公民增强国防观念、强化忧患意识、掌握国防知识、提高国防技能，依法履行国防义务。

第四条 坚持中国共产党对国防教育工作的领导，建立集中统一、分工负责、军地协同的国防教育领导体制。

第五条 中央全民国防教育主管部门负责全国国防教育工作的指导、监督和统筹协调。中央国家机关各部门在各自的职责范围内负责国防教育工作。中央军事委员会机关有关部门按照职责分工，协同中央全民国防教育主管部门开展国防教育。

县级以上地方全民国防教育主管部门负责本行政区域内国防教育工作的指导、监督和统筹协调；其他有关部门在规定的职责范围内开展国防教育工作。驻地军事机关协同地方全民国防教育主管部门开展国防教育。

第六条 国防教育贯彻全民参与、长期坚持、讲求实效的方针，实行经常教育与集中教育相结合、普及教育与重点教育相结合、理论教育与行为教育相结合的原则，针对不同对象确定相应的教育内容分类组织实施。

第七条 中华人民共和国公民都有接受国防教育的权利和义务。

普及和加强国防教育是全社会的共同责任。

一切国家机关和武装力量、各政党和各人民团体、企业事业组织、社会组织和其他组织，都应当组织本地区、本部门、本单位开展国防教育。

第八条 国防动员、兵役、退役军人事务、国防科研生产、边防海防、人民防空、国防交通等工作的主管部门，依照本法和有关法律、法规的规定，开展国防教育。

工会、共产主义青年团、妇女联合会和其他群团组织，应当在各自的工作范围内开展国防教育。

第九条 中国人民解放军、中国人民武装警察部队按照中央军事委员会的有关规定开展国防教育。

第十条 国家支持、鼓励社会组织和个人开展有益于国防教育的活动。

第十一条 对在国防教育工作中做出突出贡献的组织和个人，按照国家有关规定给予表彰、奖励。

第十二条 每年九月的第三个星期六为全民国防教育日。

第二章 学校国防教育

第十三条 学校国防教育是全民国防教育的基础，是实施素质教育的重要内容。

教育行政部门应当将国防教育列入工作计划，加强对学校国防教育的组织、指导和监督，并对学校国防教育工作定期进行考核。

学校应当将国防教育列入学校的工作和教学计划，采取有效措施，保证国防教育的质量和效果。

第十四条 小学和初级中学应当将国防教育的内容纳入有关课程，将课堂教学与课外活动相结合，使小学生具备一定的国防意识、初中学生掌握初步的国防知识和国防技能。

小学和初级中学可以组织学生开展以国防教育为主题的少年

军校活动。教育行政部门、共产主义青年团和其他有关部门应当加强对少年军校活动的指导与管理。

小学和初级中学可以根据需要聘请校外辅导员，协助学校开展多种形式的国防教育活动。

第十五条 高中阶段学校应当在有关课程中安排专门的国防教育内容，将课堂教学与军事训练相结合，使学生掌握基本的国防理论、知识和技能，具备基本的国防观念。

普通高等学校应当设置国防教育课程，加强国防教育相关学科建设，开展形式多样的国防教育活动，使学生掌握必要的国防理论、知识和技能，具备较强的国防观念。

第十六条 学校国防教育应当与兵役宣传教育相结合，增强学生依法服兵役的意识，营造服兵役光荣的良好氛围。

第十七条 普通高等学校、高中阶段学校应当按照规定组织学生军事训练。

普通高等学校、高中阶段学校学生的军事训练，由学校负责军事训练的机构或者军事教员组织实施。

学校组织军事训练活动，应当采取措施，加强安全保障。

驻地军事机关应当协助学校组织学生军事训练。

第十八条 中央全民国防教育主管部门、国务院教育行政部门、中央军事委员会机关有关部门负责全国学生军事训练工作。

县级以上地方人民政府教育行政部门和驻地军事机关应当加强对学生军事训练工作的组织、指导和监督。

第十九条 普通高等学校、高中阶段学校应当按照学生军事训练大纲，加强军事技能训练，磨练学生意志品质，增强组织纪律性，提高军事训练水平。

学生军事训练大纲由国务院教育行政部门、中央军事委员会机关有关部门共同制定。

第三章　社会国防教育

第二十条　国家机关应当根据各自的工作性质和特点,采取多种形式对工作人员进行国防教育。

国家机关工作人员应当具备较高的国防素养,发挥在全民国防教育中的模范带头作用。从事国防建设事业的国家机关工作人员,应当学习和掌握履行职责所必需的国防理论、知识和技能等。

各地区、各部门的领导人员应当依法履行组织、领导本地区、本部门开展国防教育的职责。

第二十一条　负责培训国家工作人员的各类教育机构,应当将国防教育纳入培训计划,设置适当的国防教育课程。

国家根据需要选送地方和部门的负责人到有关军事院校接受培训,学习和掌握履行领导职责所必需的国防理论、知识和技能等。

第二十二条　企业事业组织应当将国防教育列入职工教育计划,结合政治教育、业务培训、文化体育等活动,对职工进行国防教育。

承担国防科研生产、国防设施建设、国防交通保障等任务的企业事业组织,应当根据所担负的任务,制定相应的国防教育计划,有针对性地对职工进行国防教育。

社会组织应当根据各自的活动特点开展国防教育。

第二十三条　省军区(卫戍区、警备区)、军分区(警备区)和县、自治县、不设区的市、市辖区的人民武装部按照国家和军队的有关规定,结合政治教育和组织整顿、军事训练、执行勤务、征兵工作以及重大节日、纪念日活动,对民兵进行国防教育。

民兵国防教育,应当以基干民兵和担任领导职务的民兵为重点,建立和完善制度,保证受教育的人员、教育时间和教育内容的落实。

预备役人员所在单位应当按照有关规定开展预备役人员教育训练。

第二十四条 居民委员会、村民委员会应当将国防教育纳入社会主义精神文明建设的内容，结合征兵工作、拥军优属以及重大节日、纪念日活动，对居民、村民进行国防教育。

居民委员会、村民委员会可以聘请退役军人协助开展国防教育。

第二十五条 文化和旅游、新闻出版、广播电视、电影、网信等部门和单位应当根据形势和任务的要求，创新宣传报道方式，通过发挥红色资源教育功能、推出优秀文艺作品、宣传发布先进典型、运用新平台新技术新产品等形式和途径开展国防教育。

中央和省、自治区、直辖市以及设区的市的广播电台、电视台、报刊、新闻网站等媒体应当开设国防教育节目或者栏目，普及国防知识。

第二十六条 各地区、各部门应当利用重大节日、纪念日和重大主题活动等，广泛开展群众性国防教育活动；在全民国防教育日集中开展主题鲜明、形式多样的国防教育活动。

第二十七条 英雄烈士纪念设施、革命旧址和其他具有国防教育功能的博物馆、纪念馆、科技馆、文化馆、青少年宫等场所，应当为公民接受国防教育提供便利，对有组织的国防教育活动实行免费或者优惠。

国防教育基地应当对军队人员、退役军人和学生免费开放，在全民国防教育日向社会免费开放。

第四章　国防教育保障

第二十八条 县级以上人民政府应当将国防教育纳入国民经济和社会发展规划以及年度计划，将国防教育经费纳入预算。

国家机关、事业组织、群团组织开展国防教育所需经费，在本单位预算经费内列支。

企业开展国防教育所需经费，在本单位职工教育经费中列支。

学校组织学生军事训练所需经费，按照国家有关规定执行。

第二十九条 国家鼓励企业事业组织、社会组织和个人捐赠财产，资助国防教育的开展。

企业事业组织、社会组织和个人资助国防教育的财产，由国防教育领域相关组织依法管理。

国家鼓励企业事业组织、社会组织和个人提供或者捐赠所收藏的具有国防教育意义的实物用于国防教育。使用单位对提供使用的实物应当妥善保管，使用完毕，及时归还。

第三十条 国防教育经费和企业事业组织、社会组织、个人资助国防教育的财产，必须用于国防教育事业，任何单位或者个人不得侵占、挪用、克扣。

第三十一条 具备下列条件的场所，可以由设区的市级以上全民国防教育主管部门会同同级军事机关命名为国防教育基地：

（一）有明确的国防教育主题内容；

（二）有健全的管理机构和规章制度；

（三）有相应的国防教育设施；

（四）有必要的经费保障；

（五）有显著的社会教育效果。

国防教育基地应当加强建设，不断完善，充分发挥国防教育功能。

各级全民国防教育主管部门会同有关部门加强对国防教育基地的规划、建设和管理，并为其发挥作用提供必要的保障。

被命名的国防教育基地不再具备本条第一款规定条件的，由命名机关撤销命名。

第三十二条 各级人民政府应当加强对具有国防教育意义的文物的调查、登记和保护工作。

第三十三条 全民国防教育使用统一的国防教育大纲。国防教育大纲由中央全民国防教育主管部门组织制定。

适用于不同类别、不同地区教育对象的国防教育教材，应当依据国防教育大纲由有关部门或者地方结合本部门、本地区的特点组织编写、审核。

第三十四条 各级全民国防教育主管部门应当组织、协调有关部门做好国防教育教员的选拔、培训和管理工作，加强国防教育师资队伍建设。

国防教育教员应当从热爱国防教育事业、具有扎实的国防理论、知识和必要的军事技能的人员中选拔，同等条件下优先招录、招聘退役军人。

第三十五条 中国人民解放军、中国人民武装警察部队应当根据需要，按照有关规定为有组织的国防教育活动选派军事教员，提供必要的军事训练场地、设施、器材和其他便利条件。

经批准的军营应当按照军队有关规定向社会开放。

第五章 法律责任

第三十六条 国家机关、人民团体、企业事业组织以及社会组织和其他组织违反本法规定，拒不开展国防教育活动的，由有关部门或者上级机关给予批评教育，并责令限期改正；拒不改正，造成恶劣影响的，对负有责任的领导人员和直接责任人员依法给予处分。

第三十七条 违反本法规定，侵占、挪用、克扣国防教育经费或者企业事业组织、社会组织、个人资助的国防教育财产的，由有关主管部门责令限期归还；对负有责任的领导人员和直接责任人员依法给予处分。不适用处分的人员，由有关主管部门依法予以处理。

第三十八条 侵占、破坏国防教育基地设施，损毁展品、器材的，由有关主管部门给予批评教育，并责令限期改正；有关责任人应当依法承担相应的民事责任；构成违反治安管理行为的，依法给予治安管理处罚。

第三十九条 寻衅滋事，扰乱国防教育工作和活动秩序的，或者盗用国防教育名义骗取钱财的，由有关主管部门给予批评教育，并予以制止；造成人身、财产或者其他损害的，应当依法承担相应的民事责任；构成违反治安管理行为的，依法给予治安管理处罚。

第四十条 负责国防教育的公职人员滥用职权、玩忽职守、徇私舞弊的，依法给予处分。

第四十一条 违反本法规定，构成犯罪的，依法追究刑事责任。

第六章 附 则

第四十二条 本法自2024年9月21日起施行。

全国人民代表大会常务委员会关于修改《中华人民共和国统计法》的决定

（2024年9月13日第十四届全国人民代表大会常务委员会第十一次会议通过 2024年9月13日中华人民共和国主席令第31号公布 自公布之日起施行）

第十四届全国人民代表大会常务委员会第十一次会议决定对《中华人民共和国统计法》作如下修改：

一、将第一条修改为："为了科学、有效地组织统计工作，保障统计资料的真实性、准确性、完整性和及时性，加强统计监督，发挥统计在了解国情国力、服务经济社会高质量发展中的重要作用，推动全面建设社会主义现代化国家，制定本法。"

二、第三条增加一款，作为第一款："统计工作坚持中国共产党的领导。”

三、将第五条修改为：“国家加强统计科学研究，根据经济社会发展的新情况，健全科学合理的统计标准和统计指标体系，将新经济新领域纳入统计调查范围，并不断改进统计调查方法，提高统计的科学性。

“国家有计划地加强统计信息化建设，推动现代信息技术与统计工作深度融合，促进统计信息搜集、处理、传输、共享、存储技术和统计数据库体系的现代化。”

四、增加一条，作为第六条：“国家构建系统完整、协同高效、约束有力、权威可靠的统计监督体系。

“统计机构根据统计调查制度和经批准的计划安排，对各地区、各部门贯彻落实国家重大经济社会政策措施情况、履行统计法定职责情况等进行统计监督。”

五、将第六条改为第七条，第二款修改为：“地方各级人民政府、县级以上人民政府统计机构和有关部门以及各单位的负责人，不得自行修改统计机构和统计人员依法搜集、整理的统计资料，不得以任何方式要求统计机构、统计人员及其他机构、人员伪造、篡改统计资料，不得明示、暗示下级单位及其人员或者统计调查对象填报虚假统计数据，不得对依法履行职责或者拒绝、抵制统计违法行为的单位和个人打击报复。”

六、增加一条，作为第九条：“地方各级人民政府、县级以上人民政府统计机构和有关部门应当根据国家有关规定，将防范和惩治统计造假、弄虚作假纳入依法行政、依法履职责任范围，建立健全相关责任制，加强对领导干部统计工作的考核管理，依法对统计造假、弄虚作假行为追究法律责任。”

七、将第九条改为第十一条，修改为：“统计机构和统计人员对在统计工作中知悉的国家秘密、工作秘密、商业秘密、个人隐私和个人信息，应当予以保密，不得泄露或者向他人非法提供。”

八、增加一条，作为第二十条：“国家实施统一的国民经济核算制度。

"国家统计局统一组织和实施地区生产总值核算工作。"

九、将第二十条改为第二十三条,分为两款,修改为:"县级以上人民政府统计机构和有关部门以及乡、镇人民政府,应当按照国家有关规定建立统计资料的保存、管理制度。

"县级以上人民政府统计机构和有关部门建立健全统计信息共享机制,明确统计信息的共享范围、标准和程序。"

十、将第二十一条改为第二十四条,第一款修改为:"国家机关、企业事业单位和其他组织等统计调查对象,应当按照国家有关规定设置原始记录、统计台账,推动统计台账电子化、数字化、标准化,建立健全统计资料的审核、签署、报送、归档等管理制度。"

十一、将第三十七条改为第四十条,分为两款,修改为:"地方各级人民政府、县级以上人民政府统计机构或者有关部门、单位的负责人有下列行为之一的,由任免机关、单位或者监察机关依法给予处分,并由县级以上人民政府统计机构予以通报:

"(一)自行修改统计资料、编造虚假统计数据的;

"(二)要求统计机构、统计人员或者其他机构、人员伪造、篡改统计资料的;

"(三)明示、暗示下级单位及其人员或者统计调查对象填报虚假统计数据的;

"(四)对本地方、本部门、本单位发生的统计数据严重失实情况和严重统计违法行为失察的;

"(五)有其他统计造假、弄虚作假行为的。

"对依法履行职责或者拒绝、抵制统计违法行为的单位和个人打击报复的,依照前款规定给予处分和予以通报。"

十二、将第三十九条改为第四十二条,其中的"直接负责的主管人员和其他直接责任人员"修改为"负有责任的领导人员和直接责任人员"。

第一款第二项分为两项,修改为:"(二)泄露或者向他人非法提供统计调查对象的商业秘密、个人隐私、个人信息的”“(三)对外提供、泄露在统计调查中获得的能够识别或者推断单个统计调查对象身份的资料的”。

十三、将第四十一条改为第四十四条,其中的“其直接负责的主管人员和其他直接责任人员属于国家工作人员的,由任免机关或者监察机关依法给予处分”修改为“其负有责任的领导人员和直接责任人员属于公职人员的,由任免机关、单位或者监察机关依法给予处分”。

第二款修改为:“企业事业单位或者其他组织有前款所列行为之一的,可以并处十万元以下的罚款;情节严重的,并处十万元以上五十万元以下的罚款。”

十四、将第四十二条改为第四十五条,第一款修改为:“作为统计调查对象的国家机关、企业事业单位或者其他组织迟报统计资料,或者未按照国家有关规定设置原始记录、统计台账的,由县级以上人民政府统计机构责令改正,给予警告,可以予以通报;其负有责任的领导人员和直接责任人员属于公职人员的,由任免机关、单位或者监察机关依法给予处分。”

第二款修改为:“企业事业单位或者其他组织有前款所列行为之一的,可以并处五万元以下的罚款。”

十五、将第四十三条改为第四十六条,修改为:“县级以上人民政府统计机构查处统计违法行为时,认为对有关公职人员依法应当给予处分的,应当向该公职人员的任免机关、单位提出给予处分的建议,该公职人员的任免机关、单位应当依法及时作出决定,并将结果书面通知县级以上人民政府统计机构;向监察机关移送的,由监察机关按照有关规定办理。”

十六、将第四十六条改为第四十九条,修改为:“当事人对县级以上人民政府统计机构作出的行政处罚决定不服的,可以依法申请行政复议或者提起行政诉讼。对国家统计局派出的调查机构作出的行政处罚决定不服的,向国家统计局申请行政复议。”

十七、将第四十七条改为第五十条，修改为："违反本法规定，造成人身损害、财产损失的，依法承担民事责任；构成犯罪的，依法追究刑事责任。"

十八、对部分条文作以下修改：

（一）将第十条改为第十二条，其中的"职务晋升"修改为"职务职级等晋升"。

（二）将第十四条改为第十六条，其中的"并依照本法第十二条的规定"修改为"并依照本法第十四条的规定"。

（三）将第十六条改为第十八条，其中的"行政记录"修改为"行政记录、社会大数据"。

（四）将第三十二条改为第三十五条，删去其中的"及其监察机关"。

（五）将第三十八条改为第四十一条，删去其中的"在组织实施统计调查活动中"；"直接负责的主管人员和其他直接责任人员"修改为"负有责任的领导人员和直接责任人员"；"未经批准"修改为"未经批准或者备案"。

（六）将第四十条改为第四十三条，其中的"泄露国家秘密的"修改为"泄露国家秘密、工作秘密的"。

（七）将第四十五条改为第四十八条，其中的"职务晋升"修改为"职务职级等晋升"；"撤销晋升的职务"修改为"撤销晋升的职务职级等"。

本决定自公布之日起施行。

《中华人民共和国统计法》根据本决定作相应修改并对条文顺序作相应调整，重新公布。

网络数据安全管理条例

（2024年8月30日国务院第40次常务会议通过　2024年9月24日中华人民共和国国务院令第790号公布　自2025年1月1日起施行）

第一章　总　　则

第一条　为了规范网络数据处理活动，保障网络数据安全，促进网络数据依法合理有效利用，保护个人、组织的合法权益，维护国家安全和公共利益，根据《中华人民共和国网络安全法》、《中华人民共和国数据安全法》、《中华人民共和国个人信息保护法》等法律，制定本条例。

第二条　在中华人民共和国境内开展网络数据处理活动及其安全监督管理，适用本条例。

在中华人民共和国境外处理中华人民共和国境内自然人个人信息的活动，符合《中华人民共和国个人信息保护法》第三条第二款规定情形的，也适用本条例。

在中华人民共和国境外开展网络数据处理活动，损害中华人民共和国国家安全、公共利益或者公民、组织合法权益的，依法追究法律责任。

第三条　网络数据安全管理工作坚持中国共产党的领导，贯彻总体国家安全观，统筹促进网络数据开发利用与保障网络数据安全。

第四条 国家鼓励网络数据在各行业、各领域的创新应用，加强网络数据安全防护能力建设，支持网络数据相关技术、产品、服务创新，开展网络数据安全宣传教育和人才培养，促进网络数据开发利用和产业发展。

第五条 国家根据网络数据在经济社会发展中的重要程度，以及一旦遭到篡改、破坏、泄露或者非法获取、非法利用，对国家安全、公共利益或者个人、组织合法权益造成的危害程度，对网络数据实行分类分级保护。

第六条 国家积极参与网络数据安全相关国际规则和标准的制定，促进国际交流与合作。

第七条 国家支持相关行业组织按照章程，制定网络数据安全行为规范，加强行业自律，指导会员加强网络数据安全保护，提高网络数据安全保护水平，促进行业健康发展。

第二章 一般规定

第八条 任何个人、组织不得利用网络数据从事非法活动，不得从事窃取或者以其他非法方式获取网络数据、非法出售或者非法向他人提供网络数据等非法网络数据处理活动。

任何个人、组织不得提供专门用于从事前款非法活动的程序、工具；明知他人从事前款非法活动的，不得为其提供互联网接入、服务器托管、网络存储、通讯传输等技术支持，或者提供广告推广、支付结算等帮助。

第九条 网络数据处理者应当依照法律、行政法规的规定和国家标准的强制性要求，在网络安全等级保护的基础上，加强网络数据安全防护，建立健全网络数据安全管理制度，采取加密、备份、访问控制、安全认证等技术措施和其他必要措施，保护网络数据免遭篡改、破坏、泄露或者非法获取、非法利用，处置网络数据安全事件，防范针对和利用网络数据实施的违法犯罪活动，并对所处理网络数据的安全承担主体责任。

第十条 网络数据处理者提供的网络产品、服务应当符合相关国家标准的强制性要求;发现网络产品、服务存在安全缺陷、漏洞等风险时,应当立即采取补救措施,按照规定及时告知用户并向有关主管部门报告;涉及危害国家安全、公共利益的,网络数据处理者还应当在24小时内向有关主管部门报告。

第十一条 网络数据处理者应当建立健全网络数据安全事件应急预案,发生网络数据安全事件时,应当立即启动预案,采取措施防止危害扩大,消除安全隐患,并按照规定向有关主管部门报告。

网络数据安全事件对个人、组织合法权益造成危害的,网络数据处理者应当及时将安全事件和风险情况、危害后果、已经采取的补救措施等,以电话、短信、即时通信工具、电子邮件或者公告等方式通知利害关系人;法律、行政法规规定可以不通知的,从其规定。网络数据处理者在处置网络数据安全事件过程中发现涉嫌违法犯罪线索的,应当按照规定向公安机关、国家安全机关报案,并配合开展侦查、调查和处置工作。

第十二条 网络数据处理者向其他网络数据处理者提供、委托处理个人信息和重要数据的,应当通过合同等与网络数据接收方约定处理目的、方式、范围以及安全保护义务等,并对网络数据接收方履行义务的情况进行监督。向其他网络数据处理者提供、委托处理个人信息和重要数据的处理情况记录,应当至少保存3年。

网络数据接收方应当履行网络数据安全保护义务,并按照约定的目的、方式、范围等处理个人信息和重要数据。

两个以上的网络数据处理者共同决定个人信息和重要数据的处理目的和处理方式的,应当约定各自的权利和义务。

第十三条 网络数据处理者开展网络数据处理活动,影响或者可能影响国家安全的,应当按照国家有关规定进行国家安全审查。

第十四条 网络数据处理者因合并、分立、解散、破产等原因需要转移网络数据的，网络数据接收方应当继续履行网络数据安全保护义务。

第十五条 国家机关委托他人建设、运行、维护电子政务系统，存储、加工政务数据，应当按照国家有关规定经过严格的批准程序，明确受托方的网络数据处理权限、保护责任等，监督受托方履行网络数据安全保护义务。

第十六条 网络数据处理者为国家机关、关键信息基础设施运营者提供服务，或者参与其他公共基础设施、公共服务系统建设、运行、维护的，应当依照法律、法规的规定和合同约定履行网络数据安全保护义务，提供安全、稳定、持续的服务。

前款规定的网络数据处理者未经委托方同意，不得访问、获取、留存、使用、泄露或者向他人提供网络数据，不得对网络数据进行关联分析。

第十七条 为国家机关提供服务的信息系统应当参照电子政务系统的管理要求加强网络数据安全管理，保障网络数据安全。

第十八条 网络数据处理者使用自动化工具访问、收集网络数据，应当评估对网络服务带来的影响，不得非法侵入他人网络，不得干扰网络服务正常运行。

第十九条 提供生成式人工智能服务的网络数据处理者应当加强对训练数据和训练数据处理活动的安全管理，采取有效措施防范和处置网络数据安全风险。

第二十条 面向社会提供产品、服务的网络数据处理者应当接受社会监督，建立便捷的网络数据安全投诉、举报渠道，公布投诉、举报方式等信息，及时受理并处理网络数据安全投诉、举报。

第三章　个人信息保护

第二十一条 网络数据处理者在处理个人信息前，通过制定个人信息处理规则的方式依法向个人告知的，个人信息处理规则应当集中公开展示、易于访问并置于醒目位置，内容明确具体、清晰易懂，包括但不限于下列内容：

（一）网络数据处理者的名称或者姓名和联系方式；

（二）处理个人信息的目的、方式、种类，处理敏感个人信息的必要性以及对个人权益的影响；

（三）个人信息保存期限和到期后的处理方式，保存期限难以确定的，应当明确保存期限的确定方法；

（四）个人查阅、复制、转移、更正、补充、删除、限制处理个人信息以及注销账号、撤回同意的方法和途径等。

网络数据处理者按照前款规定向个人告知收集和向其他网络数据处理者提供个人信息的目的、方式、种类以及网络数据接收方信息的，应当以清单等形式予以列明。网络数据处理者处理不满十四周岁未成年人个人信息的，还应当制定专门的个人信息处理规则。

第二十二条　网络数据处理者基于个人同意处理个人信息的，应当遵守下列规定：

（一）收集个人信息为提供产品或者服务所必需，不得超范围收集个人信息，不得通过误导、欺诈、胁迫等方式取得个人同意；

（二）处理生物识别、宗教信仰、特定身份、医疗健康、金融账户、行踪轨迹等敏感个人信息的，应当取得个人的单独同意；

（三）处理不满十四周岁未成年人个人信息的，应当取得未成年人的父母或者其他监护人的同意；

（四）不得超出个人同意的个人信息处理目的、方式、种类、保存期限处理个人信息；

（五）不得在个人明确表示不同意处理其个人信息后，频繁征求同意；

（六）个人信息的处理目的、方式、种类发生变更的，应当重新取得个人同意。

法律、行政法规规定处理敏感个人信息应当取得书面同意的，从其规定。

第二十三条 个人请求查阅、复制、更正、补充、删除、限制处理其个人信息，或者个人注销账号、撤回同意的，网络数据处理者应当及时受理，并提供便捷的支持个人行使权利的方法和途径，不得设置不合理条件限制个人的合理请求。

第二十四条 因使用自动化采集技术等无法避免采集到非必要个人信息或者未依法取得个人同意的个人信息，以及个人注销账号的，网络数据处理者应当删除个人信息或者进行匿名化处理。法律、行政法规规定的保存期限未届满，或者删除、匿名化处理个人信息从技术上难以实现的，网络数据处理者应当停止除存储和采取必要的安全保护措施之外的处理。

第二十五条 对符合下列条件的个人信息转移请求，网络数据处理者应当为个人指定的其他网络数据处理者访问、获取有关个人信息提供途径：

（一）能够验证请求人的真实身份；

（二）请求转移的是本人同意提供的或者基于合同收集的个人信息；

（三）转移个人信息具备技术可行性；

（四）转移个人信息不损害他人合法权益。

请求转移个人信息次数等明显超出合理范围的，网络数据处理者可以根据转移个人信息的成本收取必要费用。

第二十六条 中华人民共和国境外网络数据处理者处理境内自然人个人信息，依照《中华人民共和国个人信息保护法》第五十三条规定在境内设立专门机构或者指定代表的，应当将有关机构的名称或者代表的姓名、联系方式等报送所在地设区的市级网信部门；网信部门应当及时通报同级有关主管部门。

第二十七条 网络数据处理者应当定期自行或者委托专业机构对其处理个人信息遵守法律、行政法规的情况进行合规审计。

第二十八条 网络数据处理者处理1000万人以上个人信息的,还应当遵守本条例第三十条、第三十二条对处理重要数据的网络数据处理者(以下简称重要数据的处理者)作出的规定。

第四章 重要数据安全

第二十九条 国家数据安全工作协调机制统筹协调有关部门制定重要数据目录,加强对重要数据的保护。各地区、各部门应当按照数据分类分级保护制度,确定本地区、本部门以及相关行业、领域的重要数据具体目录,对列入目录的网络数据进行重点保护。

网络数据处理者应当按照国家有关规定识别、申报重要数据。对确认为重要数据的,相关地区、部门应当及时向网络数据处理者告知或者公开发布。网络数据处理者应当履行网络数据安全保护责任。

国家鼓励网络数据处理者使用数据标签标识等技术和产品,提高重要数据安全管理水平。

第三十条 重要数据的处理者应当明确网络数据安全负责人和网络数据安全管理机构。网络数据安全管理机构应当履行下列网络数据安全保护责任:

(一)制定实施网络数据安全管理制度、操作规程和网络数据安全事件应急预案;

(二)定期组织开展网络数据安全风险监测、风险评估、应急演练、宣传教育培训等活动,及时处置网络数据安全风险和事件;

(三)受理并处理网络数据安全投诉、举报。

网络数据安全负责人应当具备网络数据安全专业知识和相关管理工作经历,由网络数据处理者管理层成员担任,有权直接向有关主管部门报告网络数据安全情况。

掌握有关主管部门规定的特定种类、规模的重要数据的网络数据处理者,应当对网络数据安全负责人和关键岗位的人员进行安全背景审查，加强相关人员培训。审查时，可以申请公安机关、国家安全机关协助。

第三十一条 重要数据的处理者提供、委托处理、共同处理重要数据前，应当进行风险评估，但是属于履行法定职责或者法定义务的除外。

风险评估应当重点评估下列内容：

（一）提供、委托处理、共同处理网络数据，以及网络数据接收方处理网络数据的目的、方式、范围等是否合法、正当、必要；

（二）提供、委托处理、共同处理的网络数据遭到篡改、破坏、泄露或者非法获取、非法利用的风险，以及对国家安全、公共利益或者个人、组织合法权益带来的风险；

（三）网络数据接收方的诚信、守法等情况；

（四）与网络数据接收方订立或者拟订立的相关合同中关于网络数据安全的要求能否有效约束网络数据接收方履行网络数据安全保护义务；

（五）采取或者拟采取的技术和管理措施等能否有效防范网络数据遭到篡改、破坏、泄露或者非法获取、非法利用等风险；

（六）有关主管部门规定的其他评估内容。

第三十二条 重要数据的处理者因合并、分立、解散、破产等可能影响重要数据安全的，应当采取措施保障网络数据安全，并向省级以上有关主管部门报告重要数据处置方案、接收方的名称或者姓名和联系方式等；主管部门不明确的，应当向省级以上数据安全工作协调机制报告。

第三十三条 重要数据的处理者应当每年度对其网络数据处理活动开展风险评估，并向省级以上有关主管部门报送风险评估报告，有关主管部门应当及时通报同级网信部门、公安机关。

风险评估报告应当包括下列内容：

（一）网络数据处理者基本信息、网络数据安全管理机构信息、网络数据安全负责人姓名和联系方式等；

（二）处理重要数据的目的、种类、数量、方式、范围、存储期限、存储地点等，开展网络数据处理活动的情况，不包括网络数据内容本身；

（三）网络数据安全管理制度及实施情况，加密、备份、标签标识、访问控制、安全认证等技术措施和其他必要措施及其有效性；

（四）发现的网络数据安全风险，发生的网络数据安全事件及处置情况；

（五）提供、委托处理、共同处理重要数据的风险评估情况；

（六）网络数据出境情况；

（七）有关主管部门规定的其他报告内容。

处理重要数据的大型网络平台服务提供者报送的风险评估报告，除包括前款规定的内容外，还应当充分说明关键业务和供应链网络数据安全等情况。

重要数据的处理者存在可能危害国家安全的重要数据处理活动的，省级以上有关主管部门应当责令其采取整改或者停止处理重要数据等措施。重要数据的处理者应当按照有关要求立即采取措施。

第五章　网络数据跨境安全管理

第三十四条　国家网信部门统筹协调有关部门建立国家数据出境安全管理专项工作机制，研究制定国家网络数据出境安全管理相关政策，协调处理网络数据出境安全重大事项。

第三十五条　符合下列条件之一的，网络数据处理者可以向境外提供个人信息：

（一）通过国家网信部门组织的数据出境安全评估；

（二）按照国家网信部门的规定经专业机构进行个人信息保护认证；

（三）符合国家网信部门制定的关于个人信息出境标准合同的

规定；

（四）为订立、履行个人作为一方当事人的合同，确需向境外提供个人信息；

（五）按照依法制定的劳动规章制度和依法签订的集体合同实施跨境人力资源管理，确需向境外提供员工个人信息；

（六）为履行法定职责或者法定义务，确需向境外提供个人信息；

（七）紧急情况下为保护自然人的生命健康和财产安全，确需向境外提供个人信息；

（八）法律、行政法规或者国家网信部门规定的其他条件。

第三十六条　中华人民共和国缔结或者参加的国际条约、协定对向中华人民共和国境外提供个人信息的条件等有规定的，可以按照其规定执行。

第三十七条　网络数据处理者在中华人民共和国境内运营中收集和产生的重要数据确需向境外提供的，应当通过国家网信部门组织的数据出境安全评估。网络数据处理者按照国家有关规定识别、申报重要数据，但未被相关地区、部门告知或者公开发布为重要数据的，不需要将其作为重要数据申报数据出境安全评估。

第三十八条　通过数据出境安全评估后，网络数据处理者向境外提供个人信息和重要数据的，不得超出评估时明确的数据出境目的、方式、范围和种类、规模等。

第三十九条　国家采取措施，防范、处置网络数据跨境安全风险和威胁。任何个人、组织不得提供专门用于破坏、避开技术措施的程序、工具等；明知他人从事破坏、避开技术措施等活动的，不得为其提供技术支持或者帮助。

第六章　网络平台服务提供者义务

第四十条　网络平台服务提供者应当通过平台规则或者合同

等明确接入其平台的第三方产品和服务提供者的网络数据安全保护义务,督促第三方产品和服务提供者加强网络数据安全管理。

预装应用程序的智能终端等设备生产者,适用前款规定。

第三方产品和服务提供者违反法律、行政法规的规定或者平台规则、合同约定开展网络数据处理活动,对用户造成损害的,网络平台服务提供者、第三方产品和服务提供者、预装应用程序的智能终端等设备生产者应当依法承担相应责任。

国家鼓励保险公司开发网络数据损害赔偿责任险种,鼓励网络平台服务提供者、预装应用程序的智能终端等设备生产者投保。

第四十一条 提供应用程序分发服务的网络平台服务提供者,应当建立应用程序核验规则并开展网络数据安全相关核验。发现待分发或者已分发的应用程序不符合法律、行政法规的规定或者国家标准的强制性要求的,应当采取警示、不予分发、暂停分发或者终止分发等措施。

第四十二条 网络平台服务提供者通过自动化决策方式向个人进行信息推送的,应当设置易于理解、便于访问和操作的个性化推荐关闭选项,为用户提供拒绝接收推送信息、删除针对其个人特征的用户标签等功能。

第四十三条 国家推进网络身份认证公共服务建设,按照政府引导、用户自愿原则进行推广应用。

鼓励网络平台服务提供者支持用户使用国家网络身份认证公共服务登记、核验真实身份信息。

第四十四条 大型网络平台服务提供者应当每年度发布个人信息保护社会责任报告,报告内容包括但不限于个人信息保护措施和成效、个人行使权利的申请受理情况、主要由外部成员组成的个人信息保护监督机构履行职责情况等。

第四十五条 大型网络平台服务提供者跨境提供网络数据,应当遵守国家数据跨境安全管理要求,健全相关技术和管理措施,防范网络数据跨境安全风险。

第四十六条　大型网络平台服务提供者不得利用网络数据、算法以及平台规则等从事下列活动：

（一）通过误导、欺诈、胁迫等方式处理用户在平台上产生的网络数据；

（二）无正当理由限制用户访问、使用其在平台上产生的网络数据；

（三）对用户实施不合理的差别待遇，损害用户合法权益；

（四）法律、行政法规禁止的其他活动。

第七章　监督管理

第四十七条　国家网信部门负责统筹协调网络数据安全和相关监督管理工作。

公安机关、国家安全机关依照有关法律、行政法规和本条例的规定，在各自职责范围内承担网络数据安全监督管理职责，依法防范和打击危害网络数据安全的违法犯罪活动。

国家数据管理部门在具体承担数据管理工作中履行相应的网络数据安全职责。

各地区、各部门对本地区、本部门工作中收集和产生的网络数据及网络数据安全负责。

第四十八条　各有关主管部门承担本行业、本领域网络数据安全监督管理职责，应当明确本行业、本领域网络数据安全保护工作机构，统筹制定并组织实施本行业、本领域网络数据安全事件应急预案，定期组织开展本行业、本领域网络数据安全风险评估，对网络数据处理者履行网络数据安全保护义务情况进行监督检查，指导督促网络数据处理者及时对存在的风险隐患进行整改。

第四十九条　国家网信部门统筹协调有关主管部门及时汇总、研判、共享、发布网络数据安全风险相关信息，加强网络数据安全信息共享、网络数据安全风险和威胁监测预警以及网络数据安全事件应急处置工作。

第五十条 有关主管部门可以采取下列措施对网络数据安全进行监督检查：

（一）要求网络数据处理者及其相关人员就监督检查事项作出说明；

（二）查阅、复制与网络数据安全有关的文件、记录；

（三）检查网络数据安全措施运行情况；

（四）检查与网络数据处理活动有关的设备、物品；

（五）法律、行政法规规定的其他必要措施。

网络数据处理者应当对有关主管部门依法开展的网络数据安全监督检查予以配合。

第五十一条 有关主管部门开展网络数据安全监督检查，应当客观公正，不得向被检查单位收取费用。

有关主管部门在网络数据安全监督检查中不得访问、收集与网络数据安全无关的业务信息，获取的信息只能用于维护网络数据安全的需要，不得用于其他用途。

有关主管部门发现网络数据处理者的网络数据处理活动存在较大安全风险的，可以按照规定的权限和程序要求网络数据处理者暂停相关服务、修改平台规则、完善技术措施等，消除网络数据安全隐患。

第五十二条 有关主管部门在开展网络数据安全监督检查时，应当加强协同配合、信息沟通，合理确定检查频次和检查方式，避免不必要的检查和交叉重复检查。

个人信息保护合规审计、重要数据风险评估、重要数据出境安全评估等应当加强衔接，避免重复评估、审计。重要数据风险评估和网络安全等级测评的内容重合的，相关结果可以互相采信。

第五十三条 有关主管部门及其工作人员对在履行职责中知悉的个人隐私、个人信息、商业秘密、保密商务信息等网络数据应当依法予以保密，不得泄露或者非法向他人提供。

第五十四条 境外的组织、个人从事危害中华人民共和国国家安全、公共利益，或者侵害中华人民共和国公民的个人信息权益的网络数据处理活动的，国家网信部门会同有关主管部门可以依法采取相应的必要措施。

第八章 法律责任

第五十五条 违反本条例第十二条、第十六条至第二十条、第二十二条、第四十条第一款和第二款、第四十一条、第四十二条规定的，由网信、电信、公安等主管部门依据各自职责责令改正，给予警告，没收违法所得；拒不改正或者情节严重的，处 100 万元以下罚款，并可以责令暂停相关业务、停业整顿、吊销相关业务许可证或者吊销营业执照，对直接负责的主管人员和其他直接责任人员可以处 1 万元以上 10 万元以下罚款。

第五十六条 违反本条例第十三条规定的，由网信、电信、公安、国家安全等主管部门依据各自职责责令改正，给予警告，可以并处 10 万元以上 100 万元以下罚款，对直接负责的主管人员和其他直接责任人员可以处 1 万元以上 10 万元以下罚款；拒不改正或者情节严重的，处 100 万元以上 1000 万元以下罚款，并可以责令暂停相关业务、停业整顿、吊销相关业务许可证或者吊销营业执照，对直接负责的主管人员和其他直接责任人员处 10 万元以上 100 万元以下罚款。

第五十七条 违反本条例第二十九条第二款、第三十条第二款和第三款、第三十一条、第三十二条规定的，由网信、电信、公安等主管部门依据各自职责责令改正，给予警告，可以并处 5 万元以上 50 万元以下罚款，对直接负责的主管人员和其他直接责任人员可以处 1 万元以上 10 万元以下罚款；拒不改正或者造成大量数据泄露等严重后果的，处 50 万元以上 200 万元以下罚款，并可以责令暂停相关业务、停业整顿、吊销相关业务许可证或者吊销营业执照,对直接负责的主管人员和其他直接责任人员处5万元以上20万元以下罚款。

第五十八条 违反本条例其他有关规定的,由有关主管部门依照《中华人民共和国网络安全法》、《中华人民共和国数据安全法》、《中华人民共和国个人信息保护法》等法律的有关规定追究法律责任。

第五十九条 网络数据处理者存在主动消除或者减轻违法行为危害后果、违法行为轻微并及时改正且没有造成危害后果或者初次违法且危害后果轻微并及时改正等情形的,依照《中华人民共和国行政处罚法》的规定从轻、减轻或者不予行政处罚。

第六十条 国家机关不履行本条例规定的网络数据安全保护义务的,由其上级机关或者有关主管部门责令改正;对直接负责的主管人员和其他直接责任人员依法给予处分。

第六十一条 违反本条例规定,给他人造成损害的,依法承担民事责任;构成违反治安管理行为的,依法给予治安管理处罚;构成犯罪的,依法追究刑事责任。

第九章 附 则

第六十二条 本条例下列用语的含义:

(一)网络数据,是指通过网络处理和产生的各种电子数据。

(二)网络数据处理活动,是指网络数据的收集、存储、使用、加工、传输、提供、公开、删除等活动。

(三)网络数据处理者,是指在网络数据处理活动中自主决定处理目的和处理方式的个人、组织。

(四)重要数据,是指特定领域、特定群体、特定区域或者达到一定精度和规模,一旦遭到篡改、破坏、泄露或者非法获取、非法利用,可能直接危害国家安全、经济运行、社会稳定、公共健康和安全的数据。

（五）委托处理，是指网络数据处理者委托个人、组织按照约定的目的和方式开展的网络数据处理活动。

（六）共同处理，是指两个以上的网络数据处理者共同决定网络数据的处理目的和处理方式的网络数据处理活动。

（七）单独同意，是指个人针对其个人信息进行特定处理而专门作出具体、明确的同意。

（八）大型网络平台，是指注册用户 5000 万以上或者月活跃用户 1000 万以上，业务类型复杂，网络数据处理活动对国家安全、经济运行、国计民生等具有重要影响的网络平台。

第六十三条　开展核心数据的网络数据处理活动，按照国家有关规定执行。

自然人因个人或者家庭事务处理个人信息的，不适用本条例。

开展涉及国家秘密、工作秘密的网络数据处理活动，适用《中华人民共和国保守国家秘密法》等法律、行政法规的规定。

第六十四　条本条例自 2025 年 1 月 1 日起施行。

烈士褒扬条例

（2011 年 7 月 26 日中华人民共和国国务院令第 601 号公布　根据 2019 年 3 月 2 日《国务院关于修改部分行政法规的决定》第一次修订　根据 2019 年 8 月 1 日《国务院关于修改〈烈士褒扬条例〉的决定》第二次修订　2024 年 9 月 27 日中华人民共和国国务院令第 791 号第三次修订）

第一章　总　　则

第一条　为了弘扬烈士精神，抚恤优待烈士遗属，根据《中华人民共和国英雄烈士保护法》等有关法律，制定本条例。

第二条 公民在保卫祖国、社会主义建设以及促进世界和平和人类进步事业中英勇牺牲被评定为烈士的,依照本条例的规定予以褒扬。烈士的遗属,依照本条例的规定享受抚恤优待。

第三条 烈士褒扬工作坚持中国共产党的领导。

国家褒扬、纪念和保护烈士,维护烈士尊严荣誉,保障烈士遗属合法权益,宣传烈士事迹和精神,弘扬社会主义核心价值观,在全社会营造崇尚烈士、缅怀烈士、学习烈士、捍卫烈士、关爱烈士遗属的氛围。

第四条 国家对烈士遗属的抚恤优待应当与经济社会发展水平相适应,随经济社会的发展逐步提高。

烈士褒扬和烈士遗属抚恤优待经费列入预算,应当按照规定用途使用,接受财政部门、审计机关的监督。

第五条 全社会应当支持烈士褒扬工作,优待帮扶烈士遗属。

鼓励和支持社会力量为烈士褒扬和烈士遗属抚恤优待提供捐助。

第六条 国务院退役军人工作主管部门负责全国的烈士褒扬工作。县级以上地方人民政府退役军人工作主管部门负责本行政区域的烈士褒扬工作。

第七条 对在烈士褒扬工作中做出显著成绩的单位和个人,按照有关规定给予表彰、奖励。

第二章 烈士的评定

第八条 公民牺牲符合下列情形之一的,评定为烈士:

(一)在依法查处违法犯罪行为、执行国家安全工作任务、执行反恐怖任务、执行特勤警卫任务、执行突发事件应急处置与救援任务中牺牲的;

(二)抢险救灾或者其他为了抢救、保护国家财产、集体财产、公民生命财产牺牲的;

（三）在执行外交任务或者国家派遣的对外援助、维持国际和平、执法合作任务中牺牲的；

（四）在执行武器装备科研试验任务中牺牲的；

（五）其他牺牲情节特别突出，堪为楷模的。

军人牺牲，军队文职人员、预备役人员、民兵、民工以及其他人员因参战、执行作战支援保障任务、参加非战争军事行动、参加军事训练、执行军事勤务牺牲应当评定烈士的，依照《军人抚恤优待条例》的有关规定评定。

第九条 申报烈士，属于本条例第八条第一款第一项、第二项规定情形的，由死者生前所在工作单位、死者遗属或者事件发生地的组织、公民，向死者生前工作单位所在地、死者遗属户籍所在地或者事件发生地的县级人民政府退役军人工作主管部门提供有关死者牺牲情节等材料。收到材料的县级人民政府退役军人工作主管部门应当及时调查核实，提出评定烈士的报告，报本级人民政府。本级人民政府审核后逐级上报至省、自治区、直辖市人民政府审查评定。评定为烈士的，由省、自治区、直辖市人民政府送国务院退役军人工作主管部门复核。

属于本条例第八条第一款第三项、第四项规定情形的，由国务院有关部门提出评定烈士的报告，送国务院退役军人工作主管部门审查评定。

属于本条例第八条第一款第五项规定情形的，由死者生前所在工作单位、死者遗属或者事件发生地的组织、公民，向死者生前工作单位所在地、死者遗属户籍所在地或者事件发生地的县级人民政府退役军人工作主管部门提供有关死者牺牲情节等材料。收到材料的县级人民政府退役军人工作主管部门应当及时调查核实，提出评定烈士的报告，报本级人民政府。本级人民政府审核后逐级上报至省、自治区、直辖市人民政府，由省、自治区、直辖市人民政府审核后送国务院退役军人工作主管部门审查评定。

第十条 军队评定的烈士，由中央军事委员会政治工作部送国务院退役军人工作主管部门复核。

第十一条 国务院退役军人工作主管部门应当将复核结果告知烈士评定机关。通过复核的，由烈士评定机关向烈士遗属户籍所在地县级人民政府退役军人工作主管部门发送烈士评定通知书。

国务院退役军人工作主管部门评定的烈士，由其直接向烈士遗属户籍所在地县级人民政府退役军人工作主管部门发送烈士评定通知书。

第十二条 国务院退役军人工作主管部门负责将烈士名单呈报党和国家功勋荣誉表彰工作委员会。

烈士证书以党和国家功勋荣誉表彰工作委员会办公室名义制发。

第十三条 县级以上地方人民政府每年在烈士纪念日举行颁授仪式，向烈士遗属颁授烈士证书。

第十四条 有关组织、个人对烈士评定、复核结果有异议的，可以向烈士评定或者复核机关反映。接到反映的机关应当及时调查处理。

第三章 烈士褒扬金和烈士遗属的抚恤优待

第十五条 国家建立烈士褒扬金制度。烈士褒扬金标准为烈士牺牲时上一年度全国城镇居民人均可支配收入的30倍。战时，参战牺牲的烈士褒扬金标准可以适当提高。

烈士褒扬金由烈士证书持有人户籍所在地县级人民政府退役军人工作主管部门发给烈士的父母（抚养人）、配偶、子女；没有父母（抚养人）、配偶、子女的，发给烈士未满18周岁的兄弟姐妹和已满18周岁但无生活费来源且由烈士生前供养的兄弟姐妹。

第十六条 烈士遗属除享受本条例第十五条规定的烈士褒扬金外，属于《军人抚恤优待条例》以及相关规定适用范围的，还按照规定享受一次性抚恤金,标准为烈士牺牲时上一年度全国城镇居民人均可支配收入的 20 倍加烈士本人 40 个月的基本工资,由县级人民政府退役军人工作主管部门发放;属于《工伤保险条例》以及相关规定适用范围的,还按照规定享受一次性工亡补助金以及相当于烈士本人 40 个月基本工资的烈士遗属特别补助金,其中一次性工亡补助金按照《工伤保险条例》规定发放,烈士遗属特别补助金由县级人民政府退役军人工作主管部门发放。

不属于前款规定范围的烈士遗属,由县级人民政府退役军人工作主管部门发给一次性抚恤金,标准为烈士牺牲时上一年度全国城镇居民人均可支配收入的 20 倍加 40 个月的中国人民解放军少尉军官基本工资。

第十七条 符合下列条件之一的烈士遗属,还享受定期抚恤金:

(一)烈士的父母(抚养人)、配偶无劳动能力、无生活费来源,或者收入水平低于当地居民平均生活水平的;

(二)烈士的子女未满 18 周岁,或者已满 18 周岁但因残疾或者正在上学而无生活费来源的;

(三)由烈士生前供养的兄弟姐妹未满 18 周岁,或者已满 18 周岁但因正在上学而无生活费来源的。

符合前款规定条件享受定期抚恤金的烈士遗属,由其户籍所在地县级人民政府退役军人工作主管部门依据其申请,在审核确认其符合条件当月起发给定期抚恤金。

第十八条 定期抚恤金标准参照上一年度全国居民人均可支配收入水平确定。定期抚恤金的标准及其调整办法,由国务院退役军人工作主管部门会同国务院财政部门规定。

第十九条 烈士遗属享受定期抚恤金后生活仍有特殊困难的,由县级人民政府通过发放生活补助、按照规定给予临时救助或者其他方式帮助解决。

第二十条 烈士生前的配偶再婚后继续赡养烈士父母(抚养

人)，继续抚养烈士未满18周岁或者已满18周岁但无劳动能力、无生活费来源且由烈士生前供养的兄弟姐妹的，由其户籍所在地县级人民政府退役军人工作主管部门依据其申请，参照烈士遗属定期抚恤金的标准给予定期补助。

第二十一条 国家按照规定为居住在农村和城镇无工作单位且年满60周岁、在国家建立定期抚恤金制度时已满18周岁的烈士子女发放定期生活补助，由其户籍所在地县级人民政府退役军人工作主管部门依据其申请，在审核确认其符合条件当月起发放。

第二十二条 享受定期抚恤金、补助的烈士遗属户籍迁移的，应当同时办理定期抚恤金、补助转移手续。当年的定期抚恤金、补助由户籍迁出地县级人民政府退役军人工作主管部门发放，自次年1月起由户籍迁入地县级人民政府退役军人工作主管部门发放。

第二十三条 县级以上地方人民政府退役军人工作主管部门应当与有关部门加强协同配合、信息共享，比对人员信息、待遇领取等情况，每年对享受定期抚恤金、补助对象进行确认，及时协助符合本条例规定条件的烈士遗属办理领取定期抚恤金、补助等手续，对不再符合条件的，停发定期抚恤金、补助。

享受定期抚恤金、补助的烈士遗属死亡的，继续发放6个月其原享受的定期抚恤金、补助，作为丧葬补助费。

第二十四条 国家建立健全荣誉激励机制，褒扬彰显烈士家庭甘于牺牲奉献的精神。地方人民政府应当为烈士遗属家庭悬挂光荣牌，为烈士遗属发放优待证，邀请烈士遗属代表参加重大庆典、纪念活动。

第二十五条 国家建立健全烈士遗属关爱帮扶制度。地方人民政府应当每年定期走访慰问、常态化联系烈士遗属，关心烈士遗属生活情况，为烈士遗属优先优惠提供定期体检、短期疗养、心理疏导、精神抚慰、法律援助、人文关怀等服务。对烈士未成年子女和无赡养人的烈士父母(抚养人)实行联系人制度，加强关爱照顾。

第二十六条 烈士遗属在军队医疗卫生机构和政府举办的医疗卫生机构按照规定享受相应的医疗优惠待遇，具体办法由国务院退役军人工作主管部门和中央军事委员会后勤保障部会同国务院财政、卫生健康、医疗保障等部门规定。

第二十七条 烈士的子女、兄弟姐妹本人自愿应征并且符合征兵条件的，优先批准其服现役；报考军队文职人员的，按照规定享受优待。烈士子女符合公务员考录条件的，在同等条件下优先录用为公务员。

烈士遗属符合就业条件的，由当地人民政府优先提供政策支持和就业服务，促进其实现稳定就业。烈士遗属已经就业，用人单位经济性裁员时，应当优先留用。烈士遗属从事经营活动的，享受国家和当地人民政府规定的优惠政策。

第二十八条 烈士子女接受学前教育和义务教育的，应当按照国家有关规定予以优待。烈士子女报考普通高中、中等职业学校的，按照当地政策享受录取等方面的优待；报考高等学校本、专科的，按照国家有关规定予以优待；报考研究生的，在同等条件下优先录取。在公办幼儿园和公办学校就读的，按照规定享受资助政策。

第二十九条 符合当地住房保障条件的烈士遗属承租、购买保障性住房的，县级以上地方人民政府有关部门应当给予优先照顾。居住在农村的烈士遗属住房有困难的，由当地人民政府帮助解决。

第三十条 烈士遗属凭优待证，乘坐境内运行的铁路旅客列车、轮船、长途客运班车和民航班机，享受购票、安检、候乘、通行等优先服务，随同出行的家属可以一同享受优先服务。鼓励地方人民政府为烈士遗属乘坐市内公共汽车、电车、轮渡和轨道交通工具提供优待服务，具体办法由当地人民政府规定。

烈士遗属参观游览图书馆、博物馆、美术馆、科技馆、纪念馆、体育场馆等公共文化设施和公园、展览馆、名胜古迹、景区等，按照规定享受优先优惠服务，具体办法由省、自治区、直辖市人民政府规定。

第三十一条 老年、残疾或者未满16周岁的烈士遗属，符合规定条件的可以根据本人意愿在光荣院、优抚医院集中供养。

各类社会福利机构应当优先接收烈士遗属，公办福利机构应当为烈士遗属提供优惠服务。

第四章 烈士纪念设施的保护和管理

第三十二条 按照国家有关规定修建的烈士陵园、纪念堂馆、纪念碑亭、纪念塔祠、纪念塑像、纪念广场和烈士骨灰堂、烈士墓、烈士英名墙等烈士纪念设施，受法律保护。

第三十三条 对烈士纪念设施实行分级保护，根据纪念意义、建设规模、保护状况等分为国家级烈士纪念设施、省级烈士纪念设施、设区的市级烈士纪念设施和县级烈士纪念设施。分级的具体标准由国务院退役军人工作主管部门规定。

国家级烈士纪念设施，由国务院退役军人工作主管部门报国务院批准后公布。

地方各级烈士纪念设施，由县级以上地方人民政府退役军人工作主管部门报本级人民政府批准后公布，并报上一级人民政府退役军人工作主管部门备案。

第三十四条 县级以上地方人民政府应当加强对烈士纪念设施的规划、建设、修缮、管理、维护，并将烈士纪念设施建设、修缮纳入国民经济和社会发展有关规划、国土空间规划等规划，确定烈士纪念设施保护单位，划定烈士纪念设施保护范围，设立保护标志，为安葬和纪念烈士提供良好的场所。

烈士纪念设施保护标志式样，由国务院退役军人工作主管部门规定。

第三十五条 烈士纪念设施的保护范围，应当根据烈士纪念设施的类别、规模、保护级别以及周围环境情况等划定，在烈士纪念设施边界外保持合理安全距离，确保烈士纪念设施周边环境庄严肃穆。

国家级烈士纪念设施的保护范围，由所在地省、自治区、直辖市人民政府划定，并由其退役军人工作主管部门报国务院退役军人工作主管部门备案。

地方各级烈士纪念设施的保护范围，由批准其保护级别的人民政府划定，并由其退役军人工作主管部门报上一级人民政府退役军人工作主管部门备案。

第三十六条　县级以上人民政府有关部门应当做好烈士纪念设施的保护和管理工作，严格履行新建、迁建、改扩建烈士纪念设施审批和改陈布展、讲解词审查程序，及时办理烈士纪念设施不动产登记，实行规范管理，提升烈士纪念设施管理效能。

未经批准，不得新建、迁建、改扩建烈士纪念设施。

第三十七条　烈士纪念设施应当免费向社会开放，供公众瞻仰、悼念烈士，开展纪念教育活动。

烈士纪念设施保护单位应当健全管理工作规范，维护纪念烈士活动的秩序，提高管理和服务水平。

第三十八条　烈士纪念设施保护单位应当搜集、整理、保管、陈列烈士遗物和事迹史料。属于文物的，依照有关法律、法规的规定予以保护。

第三十九条　烈士纪念设施保护单位应当根据事业发展和实际工作需要配备研究馆员和英烈讲解员，提高展陈和讲解人员专业素养，发挥红色资源优势，拓展宣传教育功能。

第四十条　烈士纪念设施名称应当严格按照批准保护级别时确定名称规范表述。

国家级烈士纪念设施确需更名的，由省、自治区、直辖市人民政府退役军人工作主管部门提出申请，经国务院退役军人工作主管部门批准后公布，并报国务院备案。

地方各级烈士纪念设施确需更名的，由省、自治区、直辖市人民政府退役军人工作主管部门批准后公布，并报本级人民政府和国务院退役军人工作主管部门备案。

第四十一条 任何组织和个人不得侵占烈士纪念设施保护范围内的土地和设施，不得以任何方式破坏、污损烈士纪念设施。

禁止在烈士纪念设施保护范围内进行其他工程建设。在烈士纪念设施保护范围周边进行工程建设，不得破坏烈士纪念设施的历史风貌，不得影响烈士纪念设施安全或者污染其环境。

第四十二条 任何组织和个人不得在烈士纪念设施保护范围内为烈士以外的其他人修建纪念设施或者安放骨灰、埋葬遗体。

第四十三条 任何组织和个人不得在烈士纪念设施保护范围内从事与纪念烈士无关或者有损烈士形象、有损纪念烈士环境和氛围的活动。

第四十四条 烈士在烈士陵园安葬。未在烈士陵园安葬的，县级以上地方人民政府退役军人工作主管部门征得烈士遗属同意，可以迁移到烈士陵园安葬，当地没有烈士陵园的，可以予以集中安葬。安葬烈士时，县级以上地方人民政府应当举行庄严、肃穆、文明、节俭的送迎、安葬仪式。

战时，参战牺牲烈士遗体收殓安葬工作由县级以上人民政府有关部门和军队有关部门负责，具体按照国家和军队有关规定办理。

第五章 烈士遗骸和遗物的保护

第四十五条 烈士遗骸、遗物受法律保护。

烈士遗物应当妥善保护、管理。

第四十六条 国务院退役军人工作主管部门会同有关部门制定烈士遗骸搜寻、发掘、鉴定整体工作规划和年度工作计划，有序组织实施烈士遗骸搜寻、发掘、鉴定工作，县级以上地方人民政府有关部门应当协同配合。

第四十七条 县级以上人民政府退役军人工作主管部门负责组织搜寻、发掘、鉴定烈士遗骸,有关组织和个人应当支持配合。

第四十八条 任何组织和个人发现疑似烈士遗骸时,应当及时报告当地县级人民政府退役军人工作主管部门。县级以上人民政府退役军人工作主管部门应当会同党史、公安、档案、文物、规划等有关部门,利用档案史料、现场遗物和技术鉴定比对等确定遗骸身份。对确定为烈士遗骸的,应当根据遗骸的现状、地点、环境等确定保护方式。

第四十九条 县级以上人民政府退役军人工作主管部门应当妥善保护烈士遗骸,按照规定安葬或者安放;对烈士遗物登记造册,妥善保管,有效运用;按照规定管理烈士遗骸的鉴定数据信息。

第五十条 鼓励支持有条件的教学科研机构、社会组织和其他社会力量有序参与烈士遗骸搜寻、发掘、鉴定和保护工作。

第五十一条 国家通过对外交流合作,搜寻查找在国外牺牲和失踪烈士的遗骸、遗物、史料信息,加强保护工作。

第五十二条 建立政府主导、社会协同、公民参与的工作机制,利用烈士遗骸搜寻鉴定成果和技术手段为烈士确认身份、寻找亲属。具体办法由国务院退役军人工作主管部门会同有关部门规定。

第六章　烈士事迹和精神的宣传弘扬

第五十三条 加强烈士事迹和精神的宣传、教育。各级人民政府应当把宣传、弘扬烈士事迹和精神作为社会主义精神文明建设的重要内容,加强爱国主义、集体主义、社会主义教育。

机关、团体、企业事业单位和其他组织应当采取多种形式纪念烈士,学习、宣传烈士事迹和精神。

第五十四条 县级以上人民政府应当在烈士纪念日举行烈士纪念活动,邀请烈士遗属代表参加。

在清明节和重要纪念日,机关、团体、企业事业单位和其他组织根据实际情况，组织开展烈士纪念活动。

第五十五条 教育行政部门应当以青少年学生为重点，将烈士事迹和精神宣传教育纳入国民教育体系。各级各类学校应当加强烈士事迹和精神教育，定期组织学生瞻仰烈士纪念设施。提倡青少年入队入团仪式、开学教育、主题团队日活动等在烈士纪念设施举行。

文化、新闻出版、广播电视、电影、网信等部门应当鼓励和支持以烈士事迹为题材、弘扬烈士精神的优秀文学艺术作品、广播电视和网络视听节目以及出版物的创作生产和宣传推广。

广播电台、电视台、报刊出版单位和网络视听平台以及其他互联网信息服务提供者应当通过播放或者刊登烈士题材作品、发布公益广告、开设专栏等方式，广泛宣传烈士事迹和精神。

第五十六条 建立健全烈士祭扫制度和礼仪规范，倡导网络祭扫、绿色祭扫，引导公民庄严有序开展祭扫纪念活动，鼓励社会力量积极参与烈士纪念设施保护、烈士事迹讲解、烈士纪念场所秩序维护等工作。

县级以上人民政府退役军人工作主管部门应当为社会公众祭扫纪念活动提供便利，做好服务保障工作。烈士纪念设施所在地人民政府退役军人工作主管部门对前来祭扫的烈士遗属，应当做好接待服务工作。烈士遗属户籍所在地人民政府退役军人工作主管部门组织烈士遗属前往烈士纪念设施祭扫的，应当妥善安排，确保安全；对自行前往异地祭扫的烈士遗属按照规定给予补助。

第五十七条 地方人民政府应当组织收集、整理、展陈烈士遗物、史料，编纂烈士英名录，将烈士事迹载入地方志。县级以上地方人民政府退役军人工作主管部门应当会同有关部门做好烈士史料研究工作。

第七章 法律责任

第五十八条 县级以上地方人民政府和有关部门、单位及其工作人员有下列情形之一的，对负有责任的领导人员和直接责任人员依法给予处分：

（一）违反本条例规定评定、复核烈士或者审批抚恤优待的；

（二）不按照规定的标准、数额、对象审批或者发放烈士褒扬金或者抚恤金、补助的；

（三）不按照规定履行烈士纪念设施保护、管理职责的；

（四）利用职务便利谋取私利的；

（五）在烈士褒扬工作中滥用职权、玩忽职守、徇私舞弊的。

第五十九条 县级以上地方人民政府和有关部门、单位及其工作人员套取、挪用、贪污烈士褒扬和烈士遗属抚恤优待经费的，由上级主管部门责令退回、追回，对负有责任的领导人员和直接责任人员依法给予处分。

第六十条 负有烈士遗属优待义务的单位不履行优待义务的，由县级以上地方人民政府退役军人工作主管部门责令限期履行义务；逾期仍未履行的，处2万元以上5万元以下的罚款；对负有责任的领导人员和直接责任人员依法给予处分。

第六十一条 冒领烈士褒扬金、抚恤金、补助，出具虚假证明或者伪造证件、印章骗取烈士褒扬金或者抚恤金、补助的，由县级以上地方人民政府退役军人工作主管部门取消相关待遇、追缴违法所得，并由其所在单位或者有关部门依法给予处分。

第六十二条 烈士遗属因犯罪被判处有期徒刑、剥夺政治权利或者被通缉期间，中止其享受的抚恤和优待；被判处死刑、无期徒刑的，取消其抚恤优待资格。

烈士遗属有前款规定情形的，由省、自治区、直辖市人民政府退役军人工作主管部门按照国家有关规定中止或者取消其抚恤优待相关待遇，报国务院退役军人工作主管部门备案。

第六十三条 违反本条例规定，有下列行为之一的，由县级以上人民政府退役军人工作主管部门责令改正，恢复原状、原貌；造成损失的，依法承担民事责任：

（一）未经批准新建、迁建、改扩建烈士纪念设施的；

（二）非法侵占烈士纪念设施保护范围内的土地、设施的；

（三）破坏、污损烈士纪念设施的；

（四）在烈士纪念设施保护范围内进行其他工程建设的；

（五）在烈士纪念设施保护范围内为烈士以外的其他人修建纪念设施、安放骨灰、埋葬遗体的。

第六十四条　在烈士纪念设施保护范围内从事与纪念烈士无关或者有损烈士形象、有损纪念烈士环境和氛围的活动的，烈士纪念设施保护单位应当及时劝阻；不听劝阻的，由县级以上地方人民政府退役军人工作主管部门给予批评教育，责令改正。

第六十五条　擅自发掘、鉴定、处置烈士遗骸，或者利用烈士遗物损害烈士尊严和合法权益的，由县级以上地方人民政府退役军人工作主管部门责令停止相关行为。

第六十六条　违反本条例规定，构成违反治安管理行为的，依法给予治安管理处罚；构成犯罪的，依法追究刑事责任。

第八章　附　　则

第六十七条　本条例所称战时，按照国家和军队有关规定执行。

国家综合性消防救援队伍人员在执行任务中牺牲应当评定烈士的，按照国家有关规定执行。

第六十八条　烈士证书、烈士评定通知书由国务院退役军人工作主管部门印制。

第六十九条　位于国外的烈士纪念设施的保护，由国务院退役军人工作主管部门会同外交部等有关部门办理。烈士在国外安葬的，由中华人民共和国驻该国外交、领事代表机构结合驻在国实际情况组织开展祭扫活动。

第七十条　本条例自 2025 年 1 月 1 日起施行。

中华人民共和国两用物项出口管制条例

（2024年9月18日国务院第41次常务会议通过 2024年9月30日中华人民共和国国务院令第792号公布 自2024年12月1日起施行）

第一章 总 则

第一条 为了维护国家安全和利益，履行防扩散等国际义务，加强和规范两用物项出口管制，根据《中华人民共和国出口管制法》（以下简称出口管制法）等法律，制定本条例。

第二条 国家对两用物项的出口管制，适用本条例。

本条例所称两用物项，是指既有民事用途，又有军事用途或者有助于提升军事潜力，特别是可以用于设计、开发、生产或者使用大规模杀伤性武器及其运载工具的货物、技术和服务，包括相关的技术资料等数据。

本条例所称出口管制，是指国家对从中华人民共和国境内向境外转移两用物项，以及中华人民共和国公民、法人和非法人组织向外国组织和个人提供两用物项，包括两用物项的贸易性出口及对外赠送、展览、合作、援助和以其他方式进行的转移，采取禁止或者限制性措施。

第三条 两用物项出口管制工作坚持中国共产党的领导，坚持总体国家安全观，维护国际和平，统筹高质量发展和高水平安全，完善两用物项出口管制管理和服务，提升两用物项出口管制治理能力。

两用物项的出口及其相关活动，应当遵守法律、行政法规和国家有关规定，不得损害国家安全和利益。

第四条 国家出口管制工作协调机制负责组织、指导两用物项出口管制工作，统筹协调两用物项出口管制重大事项。国务院商务主管部门负责两用物项出口管制工作，国家其他有关部门按照职责分工负责两用物项出口管制有关工作。国务院商务主管部门和国家其他有关部门应当密切配合，加强信息共享。

省、自治区、直辖市人民政府商务主管部门可以受国务院商务主管部门的委托，开展两用物项出口管制有关工作。

第五条 国务院商务主管部门会同国家有关部门建立两用物项出口管制专家咨询机制，为两用物项出口管制工作提供咨询意见。专家应当维护国家安全和利益，客观、公正、科学、严谨地提供咨询意见，并对咨询中所知悉的国家秘密、工作秘密、商业秘密和个人隐私、个人信息等依法负有保密义务。

第六条 国务院商务主管部门拟订并发布两用物项出口管制合规指南，鼓励和引导出口经营者以及为出口经营者提供货运、第三方电子商务交易平台和金融等服务的经营者建立健全两用物项出口管制内部合规制度，依法规范经营。

第七条 国务院商务、外交主管部门会同国家其他有关部门加强两用物项出口管制国际合作，参与有关国际规则的制定。

国务院商务主管部门根据缔结或者参加的条约、协定，或者按照平等互惠原则，与其他国家和地区、国际组织等开展两用物项出口管制合作与交流。国家其他有关部门按照职责分工开展两用物项出口管制相关合作与交流。

第八条 有关商会、协会等行业自律组织应当依照法律法规和章程的规定，为其成员提供与两用物项出口管制有关的信息咨询、宣传培训等服务，加强行业自律。

第二章 管制政策

第九条 国务院商务主管部门会同国家有关部门制定、调整两用物项出口管制政策，其中重大政策应当报国务院批准，或者报国务院、中央军事委员会批准。

第十条　国务院商务主管部门会同外交、海关等国家有关部门可以结合下列因素对两用物项出口目的国家和地区进行评估，确定风险等级，采取相应的管制措施：

（一）对国家安全和利益的影响；

（二）履行防扩散等国际义务的需要；

（三）履行我国缔结或者参加的条约、协定的需要；

（四）执行联合国安全理事会作出的具有约束力的相关决议和措施等的需要；

（五）其他需要考虑的因素。

第十一条　国务院商务主管部门依据出口管制法和本条例的规定，根据两用物项出口管制政策，按照规定程序会同国家有关部门制定、调整两用物项出口管制清单，并及时公布。

制定、调整两用物项出口管制清单可以以适当方式征求有关企业、商会、协会等方面意见，必要时开展产业调查和评估。

第十二条　根据维护国家安全和利益、履行防扩散等国际义务的需要，经国务院批准，或者经国务院、中央军事委员会批准，国务院商务主管部门可以对两用物项出口管制清单以外的货物、技术和服务实施临时管制，并予以公告。临时管制的实施期限每次不超过 2 年。临时管制实施期限届满前应当及时进行评估，根据评估结果作出以下决定：

（一）不再需要实施管制的，取消临时管制；

（二）需要继续实施管制但不宜列入两用物项出口管制清单的，延长临时管制，延长临时管制不超过 2 次；

（三）需要长期实施管制的，列入两用物项出口管制清单。

第十三条　根据维护国家安全和利益、履行防扩散等国际义务的需要，经国务院批准，或者经国务院、中央军事委员会批准，国务院商务主管部门会同国家有关部门可以禁止特定两用物项的出口，或者禁止特定两用物项向特定目的国家和地区、特定组织和个人出口。

第三章　管制措施

第一节　两用物项出口许可

第十四条　国家对两用物项的出口实行许可制度。

出口两用物项出口管制清单所列两用物项或者实施临时管制的两用物项,出口经营者应当向国务院商务主管部门申请许可。

相关货物、技术和服务存在出口管制法第十二条第三款规定情形的,出口经营者应当依照出口管制法和本条例的规定向国务院商务主管部门申请许可。法律、行政法规、军事法规另有规定的,从其规定。

出口经营者应当了解拟出口货物、技术和服务的性能指标、主要用途等,确定其是否属于两用物项;无法确定的,可以向国务院商务主管部门提出咨询,国务院商务主管部门应当及时答复。出口经营者提出咨询的,应当同时提供拟出口货物、技术和服务的性能指标、主要用途以及无法确定是否属于两用物项的原因。

第十五条　出口两用物项应当依照出口管制法和本条例的规定获得单项许可、通用许可,或者以登记填报信息方式获得出口凭证。

单项许可允许出口经营者在出口许可证件载明的范围、条件和有效期内,向单一最终用户进行一次特定两用物项出口。单项许可的有效期不超过1年,有效期内完成出口的,出口许可证件自动失效。

通用许可允许出口经营者在出口许可证件载明的范围、条件和有效期内,向单一或者多个最终用户进行多次特定两用物项出口。通用许可的有效期不超过3年。

以登记填报信息方式获得出口凭证出口的,出口经营者应当在特定两用物项每次出口前向国务院商务主管部门办理登记,按照规定如实填报相关信息获得出口凭证后,凭出口凭证自行出口。

第十六条 出口经营者申请单项许可,应当通过书面方式或者数据电文方式向国务院商务主管部门提出申请,如实填写两用物项出口申请表,并提交下列材料:

(一)申请人的法定代表人、主要经营管理人以及经办人的身份证明;

(二)与两用物项出口有关的合同、协议的副本或者其他证明文件;

(三)两用物项的技术说明或者检测报告;

(四)两用物项的最终用户和最终用途证明文件;

(五)国务院商务主管部门要求提交的其他材料。

出口经营者建立两用物项出口管制内部合规制度且运行良好,具有相关两用物项出口记录和相对固定的出口渠道及最终用户的,可以向国务院商务主管部门申请通用许可。申请通用许可,除前款规定的材料外,还应当提交下列材料:

(一)两用物项出口管制内部合规制度运行情况说明;

(二)两用物项出口许可证件申领及使用情况说明;

(三)两用物项出口渠道及最终用户有关情况说明。

第十七条 国务院商务主管部门应当自受理两用物项出口许可申请之日起,单独或者会同国家有关部门依照出口管制法和本条例的规定对出口许可申请进行审查,在45个工作日内作出准予或者不予许可的决定。准予许可的,由国务院商务主管部门颁发出口许可证件;不予许可的,应当书面告知申请人。

对国家安全和利益有重大影响的两用物项出口,国务院商务主管部门应当会同国家有关部门报国务院批准,或者报国务院、中央军事委员会批准。需要报国务院批准,或者报国务院、中央军事委员会批准的,不受前款规定出口许可审查期限的限制。

国务院商务主管部门对出口许可申请进行审查,依法需要组织鉴别,征询专家意见,或者对出口经营者、最终用户进行实地核查的,所需时间不计算在本条第一款规定的出口许可审查期限内。

第十八条 出口经营者应当按照出口许可证件载明的范围、条件和有效期出口两用物项并报告实际出口运输、运抵、安装、使用等情况。

出口许可证件有效期内,出口经营者需要改变两用物项的种类、出口目的国家和地区、最终用户、最终用途等关键要素的,应当依照本条例的规定重新申请两用物项出口许可,交回原出口许可证件,并暂时停止出口。

出口许可证件有效期内,出口经营者需要改变两用物项出口涉及的其他非关键要素的,应当向国务院商务主管部门提出变更两用物项出口许可申请,如实提交有关证明材料,暂时停止使用出口许可证件。国务院商务主管部门应当自受理变更申请之日起20个工作日内作出是否准予变更的决定,并书面告知出口经营者。准予变更的,颁发新的出口许可证件,并注销原出口许可证件;不予变更的,出口经营者应当按照原出口许可证件载明的范围、条件和有效期出口两用物项。

国务院商务主管部门发现准予两用物项出口许可所依据的出口管制法第十三条规定的因素发生重大变化的,应当通知出口经营者暂时停止使用出口许可证件。经核查,有关变化可能对国家安全和利益、履行防扩散等国际义务产生重大风险的,应当依法撤回、撤销或者要求出口经营者申请变更相关两用物项出口许可;没有前述风险的,应当及时通知出口经营者恢复使用相关出口许可证件。

第十九条 出口特定两用物项符合下列情形之一的,国务院商务主管部门允许出口经营者在每次出口前以登记填报信息方式获得出口凭证后自行出口:

(一)进境检修、试验或者检测后在合理期限内复运给原出口地的原最终用户;

(二)出境检修、试验或者检测后在合理期限内复运进境;

(三)参加在中华人民共和国境内举办的展览会,在展览会结束后立即原样复运回原出口地;

（四）参加在中华人民共和国境外举办的展览会，在展览会结束后立即原样复运进境；

（五）民用飞机零部件的出境维修、备品备件出口；

（六）国务院商务主管部门规定的其他情形。

前款规定的特定两用物项出口要素发生变化的，出口经营者应当重新登记填报信息获得新的出口凭证，或者依据本条例第十六条的规定申请单项许可或者通用许可。

出口经营者知道或者应当知道出口不再符合本条第一款规定情形，或者接到国务院商务主管部门通知的，应当立即停止出口并向国务院商务主管部门报告。

第二十条　出口经营者有下列情形之一的，不得申请通用许可或者以登记填报信息方式获得出口凭证：

（一）单位因两用物项出口管制违法行为受过刑事处罚，或者其与两用物项出口相关的直接负责的主管人员和其他直接责任人员因两用物项出口管制违法行为受过刑事处罚；

（二）5年内因两用物项出口管制违法行为受过行政处罚且情节严重；

（三）属于列入本条例第二十八条规定的管控名单内的境外组织和个人在中华人民共和国境内设立的独资企业、代表机构、分支机构；

（四）国务院商务主管部门规定的其他情形。

已经获得通用许可或者以登记填报信息方式获得出口凭证的出口经营者出现前款规定情形的，国务院商务主管部门应当撤销其已经获得的出口许可证件；需要继续出口的，出口经营者应当依照本条例第十六条第一款的规定申请单项许可。

第二十一条　出口货物的发货人或者代理报关企业出口两用物项时，应当向海关交验由国务院商务主管部门颁发的出口许可证件，并按照国家有关规定办理出口报关手续；不能提供出口许可证件的，海关不予放行。

第二十二条 出口货物的发货人未向海关提交或者未如实交验由国务院商务主管部门颁发的出口许可证件，海关有证据表明出口货物可能属于两用物项出口管制范围的，应当向出口货物发货人提出质疑，出口货物发货人应当向海关提供出口货物合同、性能指标、主要用途等证明材料。在质疑期间，海关可以向国务院商务主管部门提出组织鉴别，并根据国务院商务主管部门作出的鉴别结论依法处置。在质疑、鉴别期间，海关对出口货物不予放行。

出口货物存在本条例第十四条第三款、第十八条第四款、第二十五条规定情形，国务院商务主管部门知悉相关情况的，应当及时通知海关；海关收到国务院商务主管部门通知时，出口货物已向海关申报出口但尚未放行的，应当不予放行并依法处置。

第二节　最终用户和最终用途管理

第二十三条 国务院商务主管部门建立两用物项最终用户和最终用途风险管理制度，对两用物项的最终用户和最终用途进行评估、核查，加强最终用户和最终用途管理。

第二十四条 出口经营者申请两用物项出口许可时应当提交最终用户出具的最终用户和最终用途证明文件。国务院商务主管部门可以要求出口经营者同时提交由最终用户所在国家和地区政府机构出具或者认证的最终用户和最终用途证明文件。

两用物项的最终用户应当按照国务院商务主管部门要求作出承诺，未经国务院商务主管部门允许，不得擅自改变两用物项的最终用途或者向任何第三方转让。

第二十五条 出口经营者、进口商发现两用物项出口存在下列情形的，应当立即停止出口，向国务院商务主管部门报告并配合核查；国务院商务主管部门依据本条例第十八条规定予以处理：

（一）两用物项最终用户、最终用途已经改变或者可能改变；

（二）两用物项最终用户和最终用途证明文件存在伪造、变造、失效等情形；

（三）以欺骗、贿赂等不正当手段获取两用物项最终用户和最终用途证明文件。

第二十六条 国务院商务主管部门依法开展两用物项最终用户和最终用途核查，有关组织和个人应当予以配合。进口商、最终用户未在规定期限内配合核查、提供有关证明材料，导致无法核实两用物项最终用户、最终用途的，国务院商务主管部门可以将有关进口商、最终用户列入关注名单。

出口经营者向列入关注名单的进口商、最终用户出口两用物项，不得申请通用许可或者以登记填报信息方式获得出口凭证；申请单项许可时，应当提交对列入关注名单的进口商、最终用户的风险评估报告，并作出遵守出口管制法律法规和相关要求的承诺。许可审查期限不受本条例第十七条第一款规定期限的限制。

本条第一款规定的进口商、最终用户配合核查，经核实不存在擅自改变最终用途、擅自向第三方转让等情形的，国务院商务主管部门可以将其移出关注名单。

第二十七条 出口经营者应当妥善保存与两用物项出口有关的最终用户和最终用途证明文件以及合同、发票、账册、单据、业务函电等相关资料，保存期限不少于5年。法律、行政法规另有规定的，从其规定。

第三节 管控名单

第二十八条 国务院商务主管部门依职权或者根据有关方面的建议、举报，可以决定将有下列情形之一的进口商、最终用户列入管控名单：

（一）违反最终用户或者最终用途管理要求；

（二）可能危害国家安全和利益；

（三）将两用物项用于恐怖主义目的。

进口商、最终用户有下列情形之一，危害国家安全和利益的，按照前款规定执行：

（一）将两用物项用于设计、开发、生产或者使用大规模杀伤性武器及其运载工具；

（二）被国家有关部门依法采取禁止或者限制有关交易、合作等措施。

依照本条例第二十六条规定列入关注名单的进口商、最终用户存在本条第一款、第二款规定情形的，国务院商务主管部门可以将其列入管控名单，同时移出关注名单。

第二十九条 国务院商务主管部门可以根据情节轻重和具体情况，对列入管控名单的进口商、最终用户采取下列一种或者几种措施：

（一）禁止有关两用物项交易；

（二）限制有关两用物项交易；

（三）责令中止有关两用物项出口；

（四）其他必要的措施。

出口经营者不得违反规定与列入管控名单的进口商、最终用户进行有关两用物项交易。特殊情况下确需进行有关交易的，出口经营者应当向国务院商务主管部门提出申请，经批准后可以与该进口商、最终用户进行相应的交易并按要求报告。

第三十条 列入管控名单的进口商、最终用户配合国务院商务主管部门调查，如实陈述有关事实，停止违法行为，主动采取措施，消除危害后果，按要求作出并履行承诺，不再有本条例第二十八条规定情形的，可以向国务院商务主管部门申请移出管控名单。国务院商务主管部门可以根据实际情况，作出将其移出管控名单的决定。

第四章 监督检查

第三十一条 国家建立健全两用物项出口管制执法协作制度，加强全过程监管，及时发现、制止和查处两用物项出口违法行为。

国务院商务主管部门依法对两用物项出口活动开展监督执法。

第三十二条 国务院商务主管部门单独或者会同国家有关部门依法对两用物项出口活动进行监督检查、对涉嫌违法行为进行调查,有关组织和个人应当予以配合,不得拒绝、阻碍。

进行监督检查、案件调查的执法人员不得少于2人,应当主动出示执法证件和相关法律文书,可以采取出口管制法第二十八条规定的措施;少于2人或者未出示执法证件和相关法律文书的,被检查、调查的组织和个人有权拒绝。

第三十三条 国务院商务主管部门依职权或者根据海关提出的组织鉴别需要,组织开展相关两用物项鉴别,可以委托有关专业机构或者相关领域专家提供鉴别意见。

第三十四条 国务院商务主管部门依职权或者根据有关方面的建议、举报,发现有关组织和个人存在两用物项出口违法风险的,可以采取监管谈话、出具警示函等措施。

第三十五条 出口经营者发现或者接到国务院商务主管部门通知,其出口活动存在本条例第十四条第三款、第十八条第四款、第二十五条规定情形的,应当及时将有关情况报告国务院商务主管部门,按要求采取措施消除或者减轻危害,并配合调查处理。

第三十六条 任何组织和个人不得为两用物项出口管制违法行为提供代理、货运、寄递、报关、第三方电子商务交易平台和金融等服务。提供代理、货运、寄递、报关、第三方电子商务交易平台和金融等服务的经营者发现涉嫌两用物项出口管制违法行为的,应当及时向国务院商务主管部门报告,国务院商务主管部门应当及时核实、处理。

第三十七条 国务院商务主管部门根据国内进口经营者和最终用户的申请,可以向其他国家和地区政府出具最终用户和最终用途说明文件,并对相关事宜实施管理。

国内进口经营者和最终用户申请最终用户和最终用途说明文件,应当按照国务院商务主管部门要求如实提交有关材料,严格履行获得说明文件时作出的承诺,并接受国务院商务主管部门的监督检查。

第三十八条 中华人民共和国公民、法人、非法人组织接到外国政府提出的与出口管制相关的访问、现场核查等要求,应当立即向国务院商务主管部门报告。未经国务院商务主管部门同意,不得接受或者承诺接受外国政府的相关访问、现场核查等。

第五章 法律责任

第三十九条 出口经营者有下列行为之一的,依照出口管制法第三十四条的规定进行处罚:

(一)未经许可擅自出口两用物项;

(二)超出出口许可证件载明的范围、条件和有效期出口两用物项;

(三)出口禁止出口的两用物项;

(四)以改造、拆分为部件或者组件等方式规避许可出口两用物项;

(五)存在本条例第十八条规定情形,违规使用许可证件出口。

第四十条 出口经营者违反本条例规定,未履行报告义务的,给予警告,责令改正;情节严重的,没收违法所得,违法经营额50万元以上的,并处违法经营额5倍以上10倍以下罚款;没有违法经营额或者违法经营额不足50万元的,并处50万元以上300万元以下罚款。

提供代理、货运、寄递、报关、第三方电子商务交易平台和金融等服务的经营者违反本条例第三十六条规定,未履行报告义务的,给予警告,责令改正,可以处10万元以下罚款;情节严重的,并处10万元以上50万元以下罚款。

第四十一条 教唆、帮助出口经营者、进口商、最终用户规避出口管制法和本条例的规定实施违法行为的,给予警告,责令停止违法行为,没收违法所得,违法所得10万元以上的,并处违法所得

3 倍以上 5 倍以下罚款;没有违法所得或者违法所得不足 10 万元的,并处 10 万元以上 50 万元以下罚款。

第四十二条 国内进口经营者和最终用户违反其向国务院商务主管部门作出承诺的,给予警告,责令改正,没收违法所得,违法经营额 50 万元以上的,并处违法经营额 3 倍以上 5 倍以下罚款;没有违法经营额或者违法经营额不足 50 万元的,并处 30 万元以上 300 万元以下罚款。国务院商务主管部门可以自处罚决定生效之日起 5 年内不受理其提出的最终用户和最终用途说明文件办理申请。

第四十三条 违反本条例规定,擅自接受或者承诺接受外国政府提出的与出口管制相关的访问、现场核查等要求的,给予警告,并处 50 万元以下罚款;情节严重的,并处 50 万元以上 300 万元以下罚款;情节特别严重的,责令停业整顿。

第四十四条 提供咨询、鉴别意见的专家、专业机构违反职业道德和本条例规定的,予以通报批评、责令限期整改;情节严重的,取消其咨询、鉴别资格,并依法追究相应法律责任。

第四十五条 本条例规定的两用物项出口管制违法行为,由国务院商务主管部门进行处罚;法律、行政法规规定由海关处罚的,由其依照出口管制法和本条例进行处罚。

第四十六条 违反出口管制法和本条例规定,危害国家安全和利益的,除依照出口管制法和本条例规定处罚外,还应当依照有关法律、行政法规、部门规章的规定进行处理和处罚。

违反出口管制法和本条例规定,构成犯罪的,依法追究刑事责任。

第六章 附 则

第四十七条 出口管制法第二条规定的其他与维护国家安全和利益、履行防扩散等国际义务相关的货物、技术、服务等物项的出口管制,适用本条例。

两用物项中监控化学品的出口管制,适用《中华人民共和国监控化学品管理条例》的规定;《中华人民共和国监控化学品管理条例》未规定的事项,由国务院工业和信息化主管部门依照出口管制法和本条例执行。

《中华人民共和国导弹及相关物项和技术出口管制条例》所附《导弹及相关物项和技术出口管制清单》第一部分所列物项和技术的出口,纳入军品出口管理清单,依照《中华人民共和国军品出口管理条例》及其他有关规定办理。

第四十八条 两用物项的过境、转运、通运、再出口或者从海关特殊监管区域和保税监管场所向境外出口,依照出口管制法和本条例的有关规定执行。具体办法由国务院商务主管部门会同海关总署制定。

在中华人民共和国境内,两用物项在海关特殊监管区域和保税监管场所之间进出,或者由海关特殊监管区域和保税监管场所外进入海关特殊监管区域和保税监管场所,无需办理出口许可证件,由海关实施监管。

第四十九条 境外组织和个人在中华人民共和国境外向特定目的国家和地区、特定组织和个人转移、提供下列货物、技术和服务,国务院商务主管部门可以要求相关经营者参照本条例有关规定执行:

(一)含有、集成或者混有原产于中华人民共和国的特定两用物项在境外制造的两用物项;

(二)使用原产于中华人民共和国的特定技术等两用物项在境外制造的两用物项;

(三)原产于中华人民共和国的特定两用物项。

第五十条 本条例自2024年12月1日起施行。《中华人民共和国核两用品及相关技术出口管制条例》、《中华人民共和国导弹及相关物项和技术出口管制条例》、《中华人民共和国生物两用品及相关设备和技术出口管制条例》和《有关化学品及相关设备和技术出口管制办法》同时废止。

国务院文件

国务院关于加强监管防范风险推动保险业高质量发展的若干意见

（2024 年 9 月 8 日　国发〔2024〕21 号）

党的十八大以来，我国保险业快速发展，在保障和改善民生、防灾减损、服务实体经济等方面发挥了重要作用。为深入贯彻中央金融工作会议精神，进一步推动保险业高质量发展，现提出以下意见。

一、总体要求

以习近平新时代中国特色社会主义思想为指导，全面贯彻党的二十大和二十届二中、三中全会精神，完整准确全面贯彻新发展理念，坚守金融工作的政治性、人民性，以强监管、防风险、促高质量发展为主线，充分发挥保险业的经济减震器和社会稳定器功能，大力提升保险保障能力和服务水平，推进金融强国建设，服务中国式现代化大局。

深刻把握保险业高质量发展的主要内涵，牢固树立服务优先理念，助力筑牢经济安全网、社会保障网和灾害防控网。必须坚持党中央对金融工作的集中统一领导，坚定不移走中国特色金融发展之路，确保保险业始终保持正确的发展方向；必须坚持人民立场，牢固树立以人民为中心的发展思想，专注主业，保护消费者合法权益，更好满足人民群众日益增长的保险保障和财富管理需求；必须坚持从严监管，确保监管“长牙带刺”、有棱有角，实现监管全覆盖、无例外，牢牢守住不发生系统性风险的底线；必须坚持深化改革，做好科技金融、绿色金融、普惠金融、养老金融、数字金融五篇大文章，统筹好开放和安全，提升保险业服务实体经济质效。

到 2029 年，初步形成覆盖面稳步扩大、保障日益全面、服务持续改善、资产配置稳健均衡、偿付能力充足、治理和内控健全有效的保险业高质量发展框架。保险监管制度体系更加健全，监管能力和有效性大幅提高。到 2035 年，基本形成市场体系完备、产品和服务丰富多样、监管科学有效、具有较强国际竞争力的保险业新格局。

二、严把保险市场准入关

严格审批保险机构。依法从严审批新设保险机构。优化机构区域和层级布局，稳妥有序推进减量提质。推进业务分级管理。

严格审核管理人员任职资格。健全保险机构董事、监事、高级管理人员任职资格审查机制。强化董事长和总经理履职监管。建立关键人员任职履职负面信息库，加大失职问责力度，防止“带病流动”。

严格审查股东资质。健全保险公司股权管理规则。严格股东资质、资金来源和行为穿透式审查。严禁违规跨业经营、杠杆率过高、存在严重失信行为和重大违法违规记录的企业成为保险机构主要股东或实际控制人。建立股东、实际控制人“黑名单”制度，加大对重大违法违规股东的清退力度。

三、严格保险机构持续监管

强化公司治理监管。促进党的领导与公司治理有机融合。健全内控合规和风险管理体系。从严监管关联交易。严格并表监管。完善关键人员激励约束机制，加强长周期考核。

强化资产负债联动监管。健全利率传导和负债成本调节机制。引导优化资产配置结构，提升跨市场跨周期投资管理能力。督促理顺委托人和受托人职责分工。加强投资全流程监管。依法合规运用金融衍生品。稳慎推进全球资产配置。

强化分级分类监管。健全保险机构监管评级制度，强化评级结果运用。推动保险销售人员分级分类管理。加强产品费差监管。合理配置监管资源,实行高风险高强度监管、低风险低强度监管。严防监管套利和监管真空。

强化保险消费者权益保护。深化保险业信用体系建设。加强产品适当性监管,增强产品供需适配度。强化客户信息安全保护。加强源头治理,优化承保理赔服务。加强宣传普及,提升全社会保险意识。引导保险机构切实维护行业信誉。

四、严肃整治保险违法违规行为

紧盯关键领域和薄弱环节。加大稽查检查力度,坚决打击严重破坏市场秩序、严重损害保险消费者合法权益、造成恶劣社会影响的关键事、关键人、关键行为。依法建立股东不当所得追回制度和风险责任事后追偿机制。对监守自盗、内外勾结、搞利益输送的关键人员,从严实施取消任职资格、薪酬追索、行业禁入等措施;涉嫌犯罪的,依法移送司法机关处理。

加大市场整治力度。依法严厉打击股东或实际控制人违规持股、非自有资金出资、违规干预公司经营管理活动、违规占用资金等行为。严禁违规投资与保险主业无关的行业企业。规范销售行为,严肃查处销售误导、套取费用等行为。坚决打击保险欺诈犯罪、违规代理退保等行为。

优化行政处罚工作机制。细化各类违法行为处罚标准。严格落实应罚尽罚、罚没并举和“双罚”制度。坚持同案同罚、过罚相当原则,提高处罚精准度。推动处罚工作标准化。

五、有力有序有效防范化解保险业风险

建立以风险监管为本的制度体系。完善保险资产风险分类制度。强化逆周期监管。优化偿付能力和准备金监管政策。制定风险处置规程。健全保险保障基金参与风险处置机制。规范保险产品设计和利益相关方权利义务,研究完善与风险挂钩的保单兑付机制。

持续防范化解苗头性、倾向性风险隐患。健全风险预警体系,压实预警响应责任。强化风险监测分析，跟踪研判重点领域风险。加强久期和利率风险管理。建立风险早期纠正硬约束制度。

稳慎推进风险处置。拓宽风险处置资金来源，支持符合条件的企业参与保险机构改革化险。健全市场退出机制。对风险大、不具备持续经营能力的保险机构，收缴金融许可证，依法进入破产清算程序。落实地方党委和政府风险处置属地责任，强化中央金融管理部门监管责任，协同推进风险处置。

六、提升保险业服务民生保障水平

丰富巨灾保险保障形式。坚持政府推动、市场运作原则，探索建立多渠道多层次巨灾保险保障机制。拓展巨灾保险保障范围。扩大综合巨灾保险试点。研发运用巨灾风险模型。研究探索巨灾债券。合理运用再保险分散风险。发展气候保险。健全保险应急服务机制，改进风险减量服务，支持防灾减灾救灾。

积极发展第三支柱养老保险。大力发展商业保险年金，满足人民群众多样化养老保障和跨期财务规划需求。鼓励开发适应个人养老金制度的新产品和专属产品。支持养老保险公司开展商业养老金业务。推动专属商业养老保险发展。丰富与银发经济相适应的保险产品、服务和保险资金支持方式。依法合规促进保险业与养老服务业协同发展。

提升健康保险服务保障水平。扩大健康保险覆盖面。丰富商业医疗保险产品形式，推动就医费用快速结算。将医疗新技术、新药品、新器械应用纳入保障范围。发展商业长期护理保险。持续做好大病保险服务保障。推动商业健康保险与健康管理深度融合。鼓励面向老年人、慢病患者等群体提供保险产品。试行区域保险药械目录。探索建立第三方服务机构“黑名单”制度。

健全普惠保险体系。实现基础保险服务扩面提质。扩大保险服务区域、领域和群体，努力为人民群众提供覆盖广泛、公平可得、保费合理、保障有效的保险服务。更好满足农民、城镇低收入者等群体保险需求。优化新业态、新市民等保险保障供给。大力推广意外伤害保险。鼓励发展专属普惠保险。完善普惠保险评价指标。

七、提升保险业服务实体经济质效

聚焦国家重大战略和重点领域。积极对接高质量共建“一带一路”等国家重大战略、重点领域和薄弱环节的风险保障与融资需求。探索提供一揽子风险管理与金融服务方案,助力畅通国内国际双循环。发挥共保体作用,服务国家重点支持领域。

服务科技创新和现代化产业体系建设。健全覆盖科技企业全生命周期的保险产品和服务体系。强化绿色保险顶层设计。提升农业保险和农村基础设施保险发展水平。加快发展海运保险,提高海运保障能力。研究探索国际道路运输风险分散机制。扩大出口信用保险覆盖面,助力培育外贸新动能。

发挥保险资金长期投资优势。培育真正的耐心资本,推动资金、资本、资产良性循环。加大战略性新兴产业、先进制造业、新型基础设施等领域投资力度,服务新质生产力发展。引导保险资金为科技创新、创业投资、乡村振兴、绿色低碳产业发展提供支持。

八、深化保险业改革开放

持续健全保险市场体系。支持大型保险机构做优做强。引导中小保险公司特色化专业化经营发展。提升保险资产管理公司长期资金管理能力。推动保险中介机构规范提质发展。推动再保险公司加大产品、服务和技术创新力度。发挥保险行业组织和基础设施作用。

持续深化重点领域改革。健全产品定价机制,强化精算技术运用。推进产品转型升级,支持浮动收益型保险发展。以新能源汽车商业保险为重点,深化车险综合改革。发展多层次农业保险,推动农业保险扩面、增品、提标,及时规范理赔。探索责任保险和家庭财产保险创新。发挥人寿保险的家庭保障和财富传承功能。加快营销体制改革。稳步开展境内外币保单业务。

持续推进高水平对外开放。支持优质境外保险机构来华设立法人机构及分支机构。支持合格境外机构投资入股境内保险机构。鼓励中资保险机构稳步拓展海外业务,持续提升经营管理和风险防范能力。深化国际保险监管交流合作,积极参与国际保险治理。

九、增强保险业可持续发展能力

提升产品定价精准性。强化保险业基础数据治理和标准化建设,推动与相关行业数据共享。探索推进医疗保障信息平台与商业健康保险信息平台信息交互。制定商业养老保险统计标准。健全健康保险数据指标体系。编制完善经验发生率表。

提高数智化水平。加快数字化转型,加大资源投入,提升经营管理效率。鼓励运用人工智能、大数据等技术,提高营销服务、风险管理和投资管理水平。加强网络安全防护和数据安全管理,提升突发事件应急处置和灾备水平。依法依规维护数据资产权益。

增强高质量发展内生动力。积极培育中国特色保险文化,塑造可信赖、能托付、有温度的保险业良好形象。树立正确的经营观、业绩观和风险观,加快由追求速度和规模向以价值和效益为中心转变。加强专业人才队伍建设。改善经营效益,提升内源性资本补充能力。拓宽资本补充渠道,健全资本补充监管制度。增加债务性资本补充工具。

十、强化推动保险业高质量发展政策协同

健全央地协同工作机制。制定央地协同事项清单,明确工作流程。建立金融监管部门与地方金融管理部门定期通报、信息共享和重大事项会商等制度。持续打击非法保险等活动。提升监管联动质效。

强化宏观政策协同。健全财政支持的农业保险大灾风险分散机制。合理安排中央、省级财政对主要粮食作物、地方优势特色农产品的保费补贴。加强责任保险领域法制建设。建立科技保险政策体系,鼓励各地因地制宜开展创新探索。符合规定的事业单位可按制度要求使用财政资金购买与建立补充医疗保险相关的商业

健康保险。支持个人保险代理人按照灵活就业人员相关政策参加社会保险、办理居住证。

深化部际协调联动。推动保险领域法治建设。加大违法违规行为联合打击力度。强化行刑衔接、纪法衔接。健全重大违法违规线索双向通报机制，加大案件移送力度。在违法违规股东清退、问题机构风险处置等方面，推动发挥司法强制执行、集中管辖等作用。

打造政治过硬、能力过硬、作风过硬的监管铁军。把政治建设放在更加突出位置，深入推进全面从严治党。铲除腐败问题产生的土壤和条件，坚决惩治腐败与风险交织、资本与权力勾连等腐败问题，营造风清气正的政治生态。

国务院办公厅关于践行大食物观构建多元化食物供给体系的意见

（2024 年 9 月 12 日　国办发〔2024〕46 号）

树立大农业观、大食物观，农林牧渔并举，构建多元化食物供给体系，是党中央提出的明确要求，是保障粮食和重要农产品稳定安全供给的客观要求和重要举措。为推动把农业建成现代化大产业，巩固提升粮食综合生产能力，全方位、多途径开发食物资源，保障各类食物有效供给，更高质量满足人民群众多元化食物消费和营养健康需求，经国务院同意，现提出以下意见。

一、总体要求

以习近平新时代中国特色社会主义思想为指导，全面贯彻党的二十大和二十届二中、三中全会精神，深入贯彻落实习近平总书记关于“三农”工作的重要论述，锚定建设农业强国目标，树立大农业观、大食物观，推进农业供给侧结构性改革，在保护好生态环境的前提下，从耕地资源向整个国土资源拓展、从传统农作物和畜禽资源向更丰富的生物资源拓展，有效促进食物新品种、新领域、新技术开发，加快构建粮经饲统筹、农林牧渔结合、植物动物微生物并举的多元化食物供给体系，实现各类食物供求平衡，为确保国家粮食安全、建设农业强国提供坚实保障。

——保粮为基，统筹开发。坚持从保障国家粮食安全的大局出发，在确保粮食供给的同时，向森林、草原、江河湖海要食物，向设施农业要食物，向植物动物微生物要热量、要蛋白，拓展食物直接和间接来源，挖掘新型食品资源，保障各类食物有效供给。

——生态优先，绿色开发。践行绿水青山就是金山银山理念，立足资源禀赋，因地制宜开发，做到宜粮则粮、宜经则经、宜牧则牧、宜渔则渔、宜林则林，形成同市场需求相适应、同资源环境承载力相匹配的现代农业生产结构和区域布局，实现生态效益、经济效益、社会效益相统一。

——创新驱动，高效开发。加快构建与食物开发相匹配的科技创新体系，着力突破品种、技术、设施装备等瓶颈制约，培育战略性新兴生物产业，鼓励和支持发展新型食品，用现代农业科技和物质装备拓展农业发展空间，开发丰富多样的食物品种。

——全链打造，深度开发。充分开发农业多种功能，延伸食物产业链、提升价值链、打造供应链，做好“粮头食尾”、“畜头肉尾”、“农头工尾”增值大文章，提升产供储加销全产业链韧性和弹性，推动农业产业做大做强。

——强化监管，安全开发。坚守质量安全底线，健全相关标准，完善食品安全责任体系，加强食品特别是新型食品安全全过程监管，提升食品全链条质量安全保障水平，切实保障“舌尖上的安全”。

——要素聚集，合力开发。统筹各方力量，完善配套政策，加快资金、技术、人才等要素向多元化食物开发领域集聚，形成政府引导、市场主导、社会参与的食物开发格局。

到 2027 年，大农业观、大食物观普遍树立，食物来源渠道得到有效拓展，森林、草原、江河湖海食物资源开发取得积极进展，设施农业发展水平不断提高，生物产业稳步发展，构建形成粮经饲统筹、农林牧渔结合、植物动物微生物并举的多元化食物供给体系，产业链条延伸拓展，粮食和重要农产品供给保障更加有力。到2035 年，食物产业链条健全完善，食物品种更加丰富多样，多元化食物供给体系全面建成，食物产业质量效益明显提升，人民群众多元化食物消费和营养健康需求得到有效满足。

二、全方位、多途径开发食物资源，拓展食物来源渠道

（一）巩固提升产能，夯实粮食和重要农产品供给基础。实施新一轮千亿斤粮食产能提升行动，因地制宜、有力有效加强高标准农田建设，推进粮油等主要作物大面积单产提升，全方位夯实粮食安全根基。深入实施大豆和油料产能提升工程，稳步提高食用植物油自给率。提升棉花和糖料生产能力。优化生猪产能调控机制，稳定牛羊肉基础生产能力，提升奶业竞争力，发展现代渔业。加强南菜北运基地和冷凉地区蔬菜生产基地建设。调优水果生产布局和品种结构，发展现代果园。加强粮食和重要农产品分品种供需平衡分析，引导合理安排生产。

（二）积极发展经济林和林下经济，稳妥开发森林食物资源。因地制宜扩大油茶、油橄榄、仁用杏等木本油料种植面积，实施加快油茶产业发展行动，建设高标准油茶生产基地，改造提升低产林。稳定核桃、板栗、枣类种植面积，建设特色鲜明、集中连片、链条健全的优势产业带。积极发展林果、竹笋及可产饮料调料的经济林。规范发展林下种养，推广林药、林菌、林菜、林下浆果等森林复合经营模式，发展林禽、林畜、林蜂等林下养殖，开发新型森林食品。

（三）大力发展饲草产业，增加草食畜产品供给。加大人工种草力度，建设优良饲草种子田和优质节水高产稳产饲草料地，加快苜蓿等饲草业发展，保障肉牛、肉羊和奶牛等饲草料需求。加强天然草原修复治理，推广免耕补播改良技术，实行草畜平衡、划区轮牧。合理开发南方草山草坡,探索推广豆科与禾本科饲草混播混收混贮模式,扩种多年生饲草。发展青贮饲料,有序推进秸秆养畜,实现“秸秆变肉”。

(四)加快发展深远海养殖,科学开发江河湖海食物资源。加强深远海养殖关键设施装备研发,发展深水抗风浪网箱,稳妥推进大型桁架类网箱和养殖工船建造,建设海上牧场、“蓝色粮仓”。加快培育深远海养殖当家品种,配套发展加工流通业,全产业链推进深远海养殖发展。制定实施全国养殖水域滩涂规划,稳定基本养殖面积。积极发展大水面生态渔业,科学规范开展增殖放流。有序发展近海养殖和捕捞,稳妥推进远洋渔业新渔场新资源绿色可持续开发。建设中心渔港和一级渔港,发展沿海渔港经济区。

(五)加快发展现代设施农业,拓展食物开发新空间。积极发展日光温室、塑料大棚,集中连片推进老旧设施改造提升,加快发展集约化育苗,发展基质、水培等无土栽培,在大中城市周边布局建设植物工厂。发展集约化畜禽养殖,引导养殖设施机械化、智能化改造,提升畜禽养殖标准化规模化水平。引导畜禽屠宰加工企业有序向养殖主产区转移,健全冷链加工配送体系,促进运活畜禽向运肉转变。改造升级传统养殖池塘,积极发展工厂化循环水等养殖模式。实施智慧农业建设项目,建设智慧农场(牧场、渔场)。在具备水资源条件的地区探索科学利用戈壁、荒漠等发展可持续的现代设施农业。新增农业设施建设用地不得占用永久基本农田,占用一般耕地应按规定落实占补平衡。

(六)培育发展生物农业,开拓新型食品资源。积极发展合成生物技术,稳慎推进新型食物产业化。发展食品发酵工业,加快非粮生物质制糖等技术研发应用。拓展新型饲用蛋白来源,推广应用微生物菌体蛋白。加快藻类食物开发,发展海带、裙带菜等食用海藻。

(七)发展壮大食用菌产业,开发食用菌食品。加强食用菌种质资源挖掘和保护利用,强化食用菌功能育种和定向育种。加大知识产权保护力度,加强菌种繁育技术体系建设。改造提升食用菌生产设施,引导经营主体运用现代化设备和先进技术,推广高层、工厂化等生产模式。引导发展食用菌精深加工,开发即食食品、保健食品、生物制品。开展菌渣及副产品综合利用研究,加快饲料替代、有机肥等产业化应用。

三、大力推进科技创新,提升食物开发质量效益

(八)加强食物开发基础研究。聚焦基础前沿领域,加强原创性研究。研究新型食物资源开发和数字监测技术,尽快突破微生物组学、大数据、材料科学与智能制造、食物营养品质智能评价等前沿技术,推进科技与食物产业发展深度融合。建立膳食营养健康大数据,加强食物营养与健康因子作用机理研究。支持农业科技人才培养计划向食物科技领域倾斜,加强相关学科专业建设。

(九)加快育种创新。深入实施种业振兴行动,构建与食物开发相适应的种业创新体系。健全种质资源收集保存和鉴定利用体系,加强农作物、畜禽、农业微生物、林草、海洋和淡水渔业种质资源库建设。开展木本粮油、设施蔬菜、特色畜禽水产、优质饲草、经济林果、优良菌种等种源攻关,培育高产优质抗逆新品种。加强现代化育种制种基地建设,培育育繁推一体化种业企业。支持木本粮油、设施蔬菜种苗和草种生产基地建设。

(十)构建食物科技创新支撑体系。建设与食物开发相关的科技创新平台基地,打造食品领域战略科技力量。引导企业与科研院所合作,建设食物开发创新平台,研发推广新技术新装备。培育具有核心研发能力和产业带动力的食物开发科技企业。加快攻克木本粮油采收、设施蔬菜育播收运等食物开发关键装备瓶颈,研发推广丘陵山区适用机械、设施种植和畜牧水产养殖装备及林下作物专用机械。

四、推进全产业链建设,提升食物开发价值链

(十一)提升食物加工流通产业水平。引导食品加工企业在果蔬、畜禽和水产品等主产区布局加工产能,强化产地预冷烘干、鲜切包装等初加工设施建设,发展智能化、清洁化精深加工。支持东北地区发展大豆等农产品全产业链加工,打造食品和饲料产业集群。引导乳品企业发展奶酪、乳清等产品加工。鼓励食品加工企业开发低脂食品,利用加工副产物开发稻米油、胚芽油和蛋白饲料等产品。实施农产品仓储保鲜冷链物流设施建设工程,加强产地仓储保鲜设施建设,完善产地冷链物流重要节点布局和服务网络。改造提升农产品产地市场,在大中城市周边布局建设销地冷链集配中心、主食加工基地等。发展"生鲜电商+冷链宅配"、"中央厨房+食材冷链配送"等业态模式。

(十二)推进食物产业集聚发展。聚焦食物资源开发,培育一批优势特色产业集群、现代农业产业园、农业产业强镇,引导生产、包装、物流、销售等上下游产业集群发展,促进农村一二三产业融合发展。支持打造一批具有较强竞争力的食品集团,建立健全联农带农机制。发掘中华传统食品和地方特色食品,科学发展食药同源产业、林药产业。

(十三)提升食物质量安全水平。健全农产品标准化体系,制修订农兽药残留、产地环境、投入品管控、产品加工、储运保鲜等标准。实施农业生产和农产品"三品一标"行动,扩大绿色、有机、名特优新和地理标志农产品生产规模。大力发展生态循环农业,推广农牧结合、种养循环模式。全面落实食用农产品承诺达标合格证制度,普及新型速测技术,推进农产品质量安全追溯体系建设,深化农产品质量安全网格化和全链条管理,扩大食用农产品质量安全风险监测范围。建立健全与食物开发相适应的食品安全监管体系,做好新型食品安全性评估,强化全过程监管。

(十四)引导食物营养健康消费。深入实施国民营养计划,完善营养健康标准体系,鼓励企业开发营养健康食品。开展食物营养健康消费科普宣传,引导居民减油增豆、增禽增奶,增加蔬果、水产品及全谷物消费。鼓励电商平台开展产销衔接活动,促进绿色优质农产品销售。持续推进粮食节约和反食品浪费工作,从餐桌抓起，从公共食堂入手，促进食物生产、加工、消费各环节节约减损。

五、强化保障措施

强化融资、保险等政策扶持，充分利用现有政策和资金渠道支持食物开发，实施现代设施农业建设贷款贴息试点，鼓励金融机构创新中长期信贷产品支持生物育种、智能设施研发等。鼓励地方推进农业设施、活体畜禽和水产等抵质押融资，发展特色农产品保险。支持符合条件的食品开发企业按规定享受优惠政策，积极开发新型食品。完善用地政策，在安排土地利用年度计划时，优先保障农村一二三产业融合发展合理用地需求。探索构建大食物监测统计体系。

（本文有删减）

国务院办公厅转发中国证监会等部门《关于加强监管防范风险促进期货市场高质量发展的意见》的通知

（2024年9月30日　国办发〔2024〕47号）

中国证监会、国家发展改革委、工业和信息化部、农业农村部、商务部、中国人民银行、金融监管总局《关于加强监管防范风险促进期货市场高质量发展的意见》已经国务院同意，现转发给你们，请认真贯彻落实。

（本文有删减）

关于加强监管防范风险促进期货市场高质量发展的意见

中国证监会　国家发展改革委　工业和信息化部
农业农村部　商务部　中国人民银行　金融监管总局

期货市场是我国金融体系的重要组成部分，具有发现价格、管理风险、配置资源等功能，与企业和群众生产生活直接相关，对稳定企业经营、活跃商品流通、服务保供稳价发挥着积极作用。近年来，我国期货市场发展成效显著，有力支持了国民经济平稳健康发展，但与中国式现代化和金融强国建设需要相比，还存在服务实体经济质效和价格影响力不强、监管规则和风险防控体系适应性不足等问题。为加强监管、防范风险、促进期货市场高质量发展，现提出以下意见。

一、总体要求

以习近平新时代中国特色社会主义思想为指导，深入贯彻党的二十大和二十届二中、三中全会精神，落实中央经济工作会议、中央金融工作会议部署，完整准确全面贯彻新发展理念，切实加强期货市场监管，有效防范期货市场风险，有力促进期货市场平稳运行和高质量发展，助力维护产业链供应链安全、经济金融安全和社会预期稳定，更好服务实体经济高质量发展，服务构建新发展格局和中国式现代化。

做好期货市场工作，要坚持政治引领、服务大局，加强党的领导，突出期货市场功能属性，将监管的政治性、人民性与专业性有机结合起来，坚决服从服务于国家战略部署和大政方针；坚持目标导向、系统谋划，围绕提升大宗商品价格影响力、建设世界一流期货交易所，明确期货市场发展目标、路径和重点任务，逐项抓好落实；坚持问题导向、精准施策，聚焦重点领域和薄弱环节，有针对性地补短板、转方式、强弱项，切实解决期货市场存在的问题；坚持统筹兼顾、稳中求进，高度重视期货市场复杂性和跨市场关联性，确保各项监管政策协同、有效、形成合力，努力实现加强监管、防范风险、促进高质量发展有机统一。

到 2029 年，形成中国特色期货监管制度和业务模式总体框架，期货市场监管能力显著增强，品种布局与国民经济结构更加适配，市场深度和定价能力进一步提高，建成一支诚信守法、专业稳健、服务高效的中介机构队伍。到 2035 年，形成安全、规范、透明、开放、有活力、有韧性的期货市场体系，主要品种吸引全球交易者充分参与，大宗商品价格影响力和市场竞争力显著增强，中介机构综合实力和国际竞争力进一步提高。到本世纪中叶，建成产品齐全、功能完备、服务高效、运行稳健、价格辐射全球的世界一流期货交易所，大幅提升期货市场服务国民经济、配置全球资源能力，为中国式现代化和金融强国建设提供有力支撑。

二、严格监管期货交易行为

（一）加强对各类交易行为的穿透式监管。压实中介机构客户管理责任，严格落实账户实名制、交易者适当性等监管要求。按照“新老划断”原则，提高市场参与者准入门槛。加强对期货市场参与者尤其是中小企业和个人交易者的教育培训引导，增强市场参与者风险防控意识，维护中小交易者合法权益。优化实际控制关系账户管理方式，完善相关认定标准。强化持仓管理，完善持仓合并规则。改进大户报告规则，提升报告可用性。完善对异常交易行为的认定标准和处理流程。研究对交易行为趋同账户实施有效监管。密切关注新型交易技术和策略演进，做好前瞻性研究和监管政策储备。

（二）强化高频交易全过程监管。坚持从维护交易公平和市场稳定运行出发，加强高频交易监管。持续优化特定程序化交易报备制度。完善高频交易监管规则。根据市场发展变化，适时优化申报收费实施范围和收费标准。规范期货交易所和期货公司的手续费减收行为，取消对高频交易的手续费减收。加强期货公司席位和客户设备连接管理。规范期货公司使用期货交易所主机交易托管资源。

三、严厉打击期货市场违法违规行为

（三）坚决抑制过度投机炒作。督促银行机构进一步加强信贷管理，严防企业违规使用信贷资金从事大宗商品期货投机交易。不断完善监管规则，及时采取有效措施，坚决抑制过度投机，防止资金异常进出和价格异常波动。加强期现价格偏离监测评估，及时发现和处置苗头性、倾向性问题。

（四）从严查处违法违规行为。严厉打击操纵市场、内幕交易、编造传播虚假信息等违法违规行为，加强公开曝光，对严重违法违规者实施市场禁入。从严从快查办期货市场大要案件，着力实现精准执法、高效执法。加强央地、部门协同，提高非法期货活动查处能力。加大对以商品中远期交易名义开展"类期货"交易的地方交易场所的清理整顿力度。

四、加强期货公司全过程监管

（五）强化期货公司股权管理和法人治理。加强对期货公司股东和实际控制人的穿透式监管，严防不符合规定条件的机构和人员控制期货公司。督导期货公司建立清晰的治理结构和规范的治理体系。加强期货公司董事、监事、高级管理人员及从业人员监管，严厉惩处侵害客户利益的行为。密切监测期货公司关联交易，严禁关联方违规占用、挪用期货公司资产。

（六）规范期货公司及其子公司经营活动。完善期货公司功能定位，严格业务资质要求，实现对期货公司及其子公司经营活动的监管全覆盖。加强期货经纪业务监管，规范期货公司营销行为。加强期货交易咨询业务监管，规范研究报告发布行为。引导期货公司聚焦期货和衍生品领域开展资产管理业务，切实履行主动管理职责，推动实现客户资产实质性独立托管。加强期货公司做市交易、衍生品交易业务监管。督促期货公司健全内部控制制度，强化对子公司的合规管理和风险控制。加强期货公司信息技术监管，督促期货公司严格交易信息系统外部接入管理，保障信息技术安全。

（七）健全期货公司风险出清长效机制。对不符合持续性经营规则要求、严重影响正常经营的期货公司，依法撤销期货业务许可。鼓励通过兼并重组平稳化解期货公司风险。加强舆情管理、风险处置、维护稳定等工作协同，稳妥出清期货公司个案风险。支持具备条件的期货公司拓宽资本补充渠道，提升综合实力和抗风险能力。

五、强化期货市场风险防范

（八）巩固期货市场风险预防预警体系。建立健全跨交易所跨市场跨境风险监测指标体系。完善期货保证金封闭运行和安全存管规则，保障期货市场资金进出看得清、管得住。加强对大额资金的监测管理。常态化开展期货市场压力测试，优化测试方法，加强定量分析，强化对风险的源头管控和早期纠正。

（九）提高期货市场风险应对和处置能力。压实结算参与人的风险管理和损失吸收责任。优化担保品管理。严格对期货交割库的资质审查，加强交割库日常管理，推动期货交易所共享交割库风险预警信息。优化多层次违约风险处置规则。探索实现期货风险准备金常态化、便利化使用。提高期货市场基础设施的网络和信息安全水平。加强期货市场信息技术服务机构备案管理。

六、提升商品期货市场服务实体经济质效

（十）充分发挥商品期货期权品种功能。聚焦农业强国、制造强国、绿色低碳发展等，完善商品期货市场品种布局。立足于更好满足实体企业风险管理需求，丰富商品期货市场交易工具。推动商品期货市场持续贴合现货市场实际和产业发展需要，不断提升功能发挥水平，增强大宗商品价格的影响力和竞争力，推动加快建设贸易强国。

（十一）期现联动服务实体经济高质量发展。制定实施产业客户提升行动计划，持续改善企业套期保值交易的制度环境。稳步推广组合保证金，完善做市商管理规则，降低企业套期保值成本。发挥期货公司专业优势，为实体企业提供更为优质的衍生品综合服务。深入做好重点商品价量指标的趋势性监测和前瞻性研判，建立期现货、场内外、境内外综合分析体系，提升从期货看宏观、从宏观看期货的能力，更好服务宏观经济管理。加强期货价格分析解读，引导企业根据价格信号合理安排生产经营。推动批发行业和企业高质量发展，规范商品现货市场交易，促进商品现货市场优化升级，提高商品现货市场信用水平，为商品期货市场高质量发展创造更有利的基础条件。

七、稳慎发展金融期货和衍生品市场

（十二）提高金融期货和衍生品市场发展水平。发挥股指期货期权稳定市场、活跃市场的双重功能，丰富交易品种，扩大市场覆盖面，提高交易便利性，加强期现货市场协同联动，助力增强股票市场内在稳定性。在国债期货跨部委协调机制下，稳妥有序推动商业银行参与国债期货交易试点。支持各类中长期资金开展金融期货和衍生品套期保值交易。

（十三）深化资本市场领域衍生品监管改革。完善资本市场领域衍生品监管规则，统一对证券期货经营机构开展衍生品交易的监管尺度和强度。健全资本市场领域交易报告库，建立统一规范的机构、产品、交易识别体系，提高数据质量和可用性，推进报告库间数据互通，为强化系统性风险监测监控提供支撑。加强对证券期货经营机构柜台衍生品业务的审慎监管和行为监管。

八、稳步推进期货市场对外开放

（十四）持续扩大高水平制度型开放。有序推动符合条件的商品期货期权品种纳入对外开放品种范围，允许合格境外投资者参与更多商品期货期权品种交易。研究股指期货、国债期货纳入特定品种对外开放。支持境内外期货交易所深化产品和业务合作，允许境外期货交易所推出更多挂钩境内期货价格的金融产品。加大国际市场开发培育力度，吸引更多境外产业企业参与境内期货交易。

（十五）强化开放环境下监管能力建设。进一步发挥中国期货市场监控中心功能，夯实大数据基础，增强数据挖掘和分析能力，向数字化、智能化、实时响应转型，大力提升开放环境下期货市场运行监测水平。

九、深化期货市场监管协作

（十六）优化期货监管资源配置。强化中国证监会对期货市场的行政监管职能，完善期货交易所和期货业协会自律管理职能。充分运用科技手段赋能期货监管，提升非现场监测效能，优化现场检查资源配置。依托监管大数据仓库，加强期货监管与股票、债券、基金等监管的数据信息共享。

（十七）强化跨部门、跨地区监管协同。加强期货监管部门与现货市场管理部门、其他金融管理部门之间的信息共享、沟通会商和协同联动，妥善应对期现货市场风险，促进期现货市场平稳健康发展。加强对产业企业的培训，推动产业企业充分利用期货市场提高经营水平和抗风险能力。金融管理部门、地方政府、司法机关加强沟通协作，合力打击期货市场违法违规行为和非法期货活动。中国证监会进一步强化与境外监管机构的跨境监管执法协作。

十、保障措施

各有关方面要按照本意见要求，细化职责分工，加强资源保障，强化工作协同，做好政策解读和人员培训，确保各项政策措施落到实处。要加强基础制度研究设计，持续评估期货市场制度规则的针对性、有效性和执行效果，推动监管规则立、改、废工作。各地区各部门要为期货市场高质量发展营造良好的舆论环境，稳慎推进影响范围较大、市场较为关注的政策措施。要切实加强期货监管干部队伍政治建设、思想建设、组织建设、作风建设、纪律建设，提升期货监管干部的政治素质和业务能力，实现监管理念和工作作风大转变。要引导期货公司加强队伍建设，弘扬诚实守信、以义取利、稳健审慎、守正创新、依法合规的行业文化，树立良好社会形象。

国务院部门规章

网络反不正当竞争暂行规定

（2024年5月6日国家市场监督管理总局令第91号公布　自2024年9月1日起施行　国司备字[2024011298]）

第一章　总　　则

第一条　为了预防和制止网络不正当竞争行为，维护公平竞争的市场秩序，鼓励创新，保护经营者和消费者的合法权益，促进数字经济规范持续健康发展，根据《中华人民共和国反不正当竞争法》（以下简称反不正当竞争法）、《中华人民共和国电子商务法》（以下简称电子商务法）等法律、行政法规，制定本规定。

第二条　鼓励和支持经营者依法开展经营活动，公平参与市场竞争。经营者通过互联网等信息网络（以下简称网络）从事生产经营活动，应当遵循自愿、平等、公平、诚信的原则，遵守法律法规规章，遵守商业道德。

经营者不得实施网络不正当竞争行为，扰乱市场竞争秩序，影响市场公平交易，损害其他经营者或者消费者的合法权益。

第三条　国家市场监督管理总局负责监督指导全国网络反不正当竞争工作，组织查处全国范围内有重大影响的网络不正当竞争案件。

县级以上地方市场监督管理部门依法对网络不正当竞争行为进行查处。

市场监督管理部门在查处违法行为过程中，应当坚持依法行政,保证严格、规范、公正、文明执法。

第四条 市场监督管理部门应当会同反不正当竞争工作协调机制各成员单位,贯彻落实网络反不正当竞争重大政策措施,研究网络反不正当竞争工作重大问题,联合查处重大案件,协同推进综合治理。

反不正当竞争工作协调机制各成员单位应当按照职责分工,依法加强金融、传媒、电信等行业管理,采取有效措施,预防和制止网络不正当竞争行为。

第五条 国家鼓励、支持和保护一切组织和个人对网络不正当竞争行为进行社会监督。对涉嫌网络不正当竞争行为,任何单位和个人有权依法向市场监督管理部门举报,市场监督管理部门接到举报后应当及时处理。

行业组织应当加强行业自律,引导、规范会员依法合规竞争。

第六条 平台经营者应当加强对平台内竞争行为的规范管理,发现平台内经营者采取不正当竞争方式,违法销售商品、提供服务,或者侵害消费者合法权益的行为,应当及时采取必要的处置措施,保存有关记录,并按规定向平台经营者住所地县级以上市场监督管理部门报告。记录保存时间自作出处置措施之日起计算,不少于三年。

第二章　网络不正当竞争行为

第七条 经营者不得利用网络实施下列混淆行为,引人误以为是他人商品(本规定所称商品包括服务)或者与他人存在特定联系:

(一)擅自使用与他人有一定影响的域名主体部分、网站名称、网页等相同或者近似的标识;

(二)擅自将他人有一定影响的商品名称、企业名称(包括简称、字号等)、社会组织名称(包括简称等)、姓名(包括笔名、艺名、

译名等)作为域名主体部分等网络经营活动标识;

(三)擅自使用与他人有一定影响的应用软件、网店、客户端、小程序、公众号、游戏界面等的页面设计、名称、图标、形状等相同或者近似的标识;

(四)擅自使用他人有一定影响的网络代称、网络符号、网络简称等标识;

(五)生产销售足以引人误认为是他人商品或者与他人存在特定联系的商品;

(六)通过提供网络经营场所等便利条件,与其他经营者共同实施混淆行为;

(七)其他利用网络实施的足以引人误认为是他人商品或者与他人存在特定联系的混淆行为。

擅自将他人有一定影响的商业标识设置为搜索关键词,足以引人误认为是他人商品或者与他人存在特定联系的,属于前款规定的混淆行为。

第八条　经营者不得采取下列方式,对商品生产经营主体以及商品性能、功能、质量、来源、曾获荣誉、资格资质等作虚假或者引人误解的商业宣传,欺骗、误导消费者或者相关公众:

(一)通过网站、客户端、小程序、公众号等进行展示、演示、说明、解释、推介或者文字标注;

(二)通过直播、平台推荐、网络文案等方式,实施商业营销活动;

(三)通过热搜、热评、热转、榜单等方式,实施商业营销活动;

(四)其他虚假或者引人误解的商业宣传。

经营者不得帮助其他经营者实施前款虚假或者引人误解的商业宣传行为。

第九条　经营者不得实施下列行为,对商品生产经营主体以及商品销售状况、交易信息、经营数据、用户评价等作虚假或者引人误解的商业宣传,欺骗、误导消费者或者相关公众:

（一）虚假交易、虚假排名；

（二）虚构交易额、成交量、预约量等与经营有关的数据信息；

（三）采用谎称现货、虚构预订、虚假抢购等方式进行营销；

（四）编造用户评价，或者采用误导性展示等方式隐匿差评、将好评前置、差评后置、不显著区分不同商品的评价等；

（五）以返现、红包、卡券等方式利诱用户作出指定好评、点赞、定向投票等互动行为；

（六）虚构收藏量、点击量、关注量、点赞量、阅读量、订阅量、转发量等流量数据；

（七）虚构投票量、收听量、观看量、播放量、票房、收视率等互动数据；

（八）虚构升学率、考试通过率、就业率等教育培训效果；

（九）采用伪造口碑、炮制话题、制造虚假舆论热点、虚构网络就业者收入等方式进行营销；

（十）其他虚假或者引人误解的商业宣传行为。

经营者不得通过组织虚假交易、组织虚假排名等方式，帮助其他经营者实施前款虚假或者引人误解的商业宣传行为。

第十条　经营者不得采用财物或者其他手段，贿赂平台工作人员、对交易有影响的单位或者个人，以谋取交易机会或者在流量、排名、跟帖服务等方面的竞争优势。

前款所称的财物，包括现金、物品、网络虚拟财产以及礼券、基金、股份、债务免除等其他财产权益。

第十一条　经营者不得利用网络编造、传播虚假信息或者误导性信息，实施下列损害或者可能损害竞争对手的商业信誉、商品声誉的行为：

（一）组织、指使他人对竞争对手的商品进行恶意评价；

（二）利用或者组织、指使他人通过网络散布虚假或者误导性信息；

（三）利用网络传播含有虚假或者误导性信息的风险提示、告客户书、警告函或者举报信等；

（四）其他编造、传播虚假或者误导性信息，损害竞争对手商业信誉、商品声誉的行为。

客户端、小程序、公众号运营者以及提供跟帖评论服务的组织或者个人，不得故意与经营者共同实施前款行为。

本条所称的商业信誉，是指经营者在商业活动中的信用和名誉，包括相关公众对该经营者的资信状况、商业道德、技术水平、经济实力等方面的评价。

本条所称的商品声誉，是指商品在质量、品牌等方面的美誉度和知名度。

第十二条 经营者不得利用互联网、大数据、算法等技术手段，通过影响用户选择或者其他方式，实施流量劫持、干扰、恶意不兼容等行为，妨碍、破坏其他经营者合法提供的网络产品或者服务正常运行。

前款所称的影响用户选择，包括违背用户意愿和选择权、增加操作复杂性、破坏使用连贯性等。

判定是否构成第一款规定的不正当竞争行为，应当充分考虑是否有利于技术创新和行业发展等因素。

第十三条 未经其他经营者同意，经营者不得利用技术手段，实施下列插入链接或者强制进行目标跳转等行为，妨碍、破坏其他经营者合法提供的网络产品或者服务正常运行：

（一）在其他经营者合法提供的网络产品或者服务中，插入跳转链接、嵌入自己或者他人的产品或者服务；

（二）利用关键词联想、设置虚假操作选项等方式，设置指向自身产品或者服务的链接，欺骗或者误导用户点击；

（三）其他插入链接或者强制进行目标跳转的行为。

第十四条 经营者不得利用技术手段，误导、欺骗、强迫用户修改、关闭、卸载其他经营者合法提供的设备、功能或者其他程序等网络产品或者服务。

第十五条　经营者不得利用技术手段，恶意对其他经营者合法提供的网络产品或者服务实施不兼容。

判定经营者是否恶意对其他经营者合法提供的网络产品或者服务实施不兼容，可以综合考虑以下因素：

（一）是否知道或者应当知道不兼容行为会妨碍、破坏其他经营者合法提供的网络产品或者服务正常运行；

（二）不兼容行为是否影响其他经营者合法提供的网络产品或者服务正常运行，是否影响网络生态开放共享；

（三）不兼容行为是否针对特定对象，是否违反公平、合理、无歧视原则；

（四）不兼容行为对消费者、使用该网络产品或者服务的第三方经营者合法权益以及社会公共利益的影响；

（五）不兼容行为是否符合行业惯例、从业规范、自律公约等；

（六）不兼容行为是否导致其他经营者合法提供的网络产品或者服务成本不合理增加；

（七）是否有正当理由。

第十六条　经营者不得利用技术手段，直接、组织或者通过第三方实施以下行为，妨碍、破坏其他经营者合法提供的网络产品或者服务正常运行：

（一）故意在短期内与其他经营者发生大规模、高频次交易，或者给予好评等，使其他经营者受到搜索降权、降低信用等级、商品下架、断开链接、停止服务等处置；

（二）恶意在短期内批量拍下商品不付款；

（三）恶意批量购买后退货或者拒绝收货等。

第十七条　经营者不得针对特定经营者，拦截、屏蔽其合法提供的信息内容以及页面，妨碍、破坏其他经营者合法提供的网络产品或者服务正常运行，扰乱市场公平竞争秩序。拦截、屏蔽非法信息，频繁弹出干扰用户正常使用的信息以及不提供关闭方式的漂浮视窗等除外。

第十八条 经营者不得利用技术手段,通过影响用户选择、限流、屏蔽、搜索降权、商品下架等方式,干扰其他经营者之间的正常交易,妨碍、破坏其他经营者合法提供的网络产品或者服务的正常运行,扰乱市场公平竞争秩序。

经营者不得利用技术手段,通过限制交易对象、销售区域或者时间、参与促销推广活动等,影响其他经营者的经营选择,妨碍、破坏交易相对方合法提供的网络产品或者服务的正常运行,扰乱市场公平交易秩序。

第十九条 经营者不得利用技术手段,非法获取、使用其他经营者合法持有的数据,妨碍、破坏其他经营者合法提供的网络产品或者服务的正常运行,扰乱市场公平竞争秩序。

第二十条 经营者不得利用技术手段,对条件相同的交易相对方不合理地提供不同的交易条件,侵害交易相对方的选择权、公平交易权等,妨碍、破坏其他经营者合法提供的网络产品或者服务正常运行,扰乱市场公平交易秩序。

以下情形不属于前款规定的不正当竞争行为:

(一)根据交易相对人实际需求且符合正当的交易习惯和行业惯例,实行不同交易条件;

(二)针对新用户在合理期限内开展的优惠活动;

(三)基于公平、合理、无歧视的规则实施的随机性交易。

第二十一条 经营者不得利用技术手段,通过下列方式,实施妨碍、破坏其他经营者合法提供的网络产品或者服务正常运行的行为:

(一)违背用户意愿下载、安装、运行应用程序;

(二)无正当理由,对其他经营者合法提供的网络产品或者服务实施拦截、拖延审查、下架,以及其他干扰下载、安装、运行、更新、传播等行为;

(三)对相关设备运行非必需的应用程序不提供卸载功能或者对应用程序卸载设置不合理障碍;

（四）无正当理由，对其他经营者合法提供的网络产品或者服务，实施搜索降权、限制服务内容、调整搜索结果的自然排序等行为；

（五）其他妨碍、破坏其他经营者合法提供的网络产品或者服务正常运行的行为。

第二十二条 经营者不得违反本规定，实施其他网络不正当竞争行为，扰乱市场竞争秩序，影响市场公平交易，损害其他经营者或者消费者合法权益。

第二十三条 具有竞争优势的平台经营者没有正当理由，不得利用技术手段，滥用后台交易数据、流量等信息优势以及管理规则，通过屏蔽第三方经营信息、不正当干扰商品展示顺序等方式，妨碍、破坏其他经营者合法提供的网络产品或者服务正常运行，扰乱市场公平竞争秩序。

第二十四条 平台经营者不得利用服务协议、交易规则等手段，对平台内经营者在平台内的交易、交易价格以及与其他经营者的交易等进行不合理限制或者附加不合理条件。主要包括以下情形：

（一）强制平台内经营者签订排他性协议；

（二）对商品的价格、销售对象、销售区域或者销售时间进行不合理的限制；

（三）不合理设定扣取保证金，削减补贴、优惠和流量资源等限制；

（四）利用服务协议、交易规则对平台内经营者的交易进行其他不合理限制或者附加不合理条件。

第二十五条 平台经营者应当在服务协议、交易规则中公平合理确定收费标准，不得违背商业道德、行业惯例，向平台内经营者收取不合理的服务费用。

第二十六条 判定构成妨碍、破坏其他经营者合法提供的网络产品或者服务正常运行，可以综合考虑下列因素：

（一）其他经营者合法提供的网络产品或者服务是否无法正常使用；

（二）其他经营者合法提供的网络产品或者服务是否无法正常下载、安装、更新或者卸载；

（三）其他经营者合法提供的网络产品或者服务成本是否不合理增加；

（四）其他经营者合法提供的网络产品或者服务的用户或者访问量是否不合理减少；

（五）用户合法利益是否遭受损失，或者用户体验和满意度是否下降；

（六）行为频次、持续时间；

（七）行为影响的地域范围、时间范围等；

（八）是否利用其他经营者的网络产品或者服务牟取不正当利益。

第三章 监督检查

第二十七条 对网络不正当竞争案件的管辖适用《市场监督管理行政处罚程序规定》。

网络不正当竞争行为举报较为集中，或者引发严重后果或者其他不良影响的，可以由实际经营地、违法结果发生地的设区的市级以上地方市场监督管理部门管辖。

第二十八条 市场监督管理部门应当加强对网络不正当竞争行为的监测，发现违法行为的，依法予以查处。

市场监督管理部门在查办网络不正当竞争案件过程中，被调查的经营者、利害关系人及其他有关单位、个人应当如实提供有关资料或者情况，不得伪造、销毁涉案数据以及相关资料，不得妨害市场监督管理部门依法履行职责，不得拒绝、阻碍调查。

第二十九条 市场监督管理部门基于案件办理的需要，可以委托第三方专业机构对与案件相关的电子证据进行取证、固定，对财务数据进行审计。

第三十条 对于新型、疑难案件，市场监督管理部门可以委派专家观察员参与协助调查。专家观察员可以依据自身专业知识、业务技能、实践经验等，对经营者的竞争行为是否有促进创新、提高效率、保护消费者合法权益等正当理由提出建议。

第三十一条 市场监督管理部门及其工作人员、第三方专业机构、专家观察员等对参与调查过程中知悉的商业秘密负有保密义务。

市场监督管理部门的工作人员滥用职权、玩忽职守、徇私舞弊或者泄露调查过程中知悉的商业秘密的，依法给予处分。

第四章 法律责任

第三十二条 平台经营者违反本规定第六条，未按规定保存信息，或者对平台内经营者侵害消费者合法权益行为未采取必要措施的，由市场监督管理部门依照电子商务法第八十条、第八十三条的规定处罚。

第三十三条 经营者违反本规定第七条的，由市场监督管理部门依照反不正当竞争法第十八条的规定处罚。

第三十四条 经营者违反本规定第八条、第九条的，由市场监督管理部门依照反不正当竞争法第二十条的规定处罚。

第三十五条 经营者违反本规定第十条的，由市场监督管理部门依照反不正当竞争法第十九条的规定处罚。

第三十六条 经营者违反本规定第十一条的，由市场监督管理部门依照反不正当竞争法第二十三条的规定处罚。

第三十七条 经营者违反本规定第十二条至第二十三条，妨害、破坏其他经营者合法提供的网络产品或者服务正常运行的，由市场监督管理部门依照反不正当竞争法第二十四条的规定处罚。

第三十八条 平台经营者违反本规定第二十四条、第二十五条的，由市场监督管理部门依照电子商务法第八十二条的规定处罚。

第三十九条 经营者违反本规定第二十八条的，由市场监督管理部门依照反不正当竞争法第二十八条的规定处罚。

第四十条 法律、行政法规对网络不正当竞争行为的查处另有规定的，依照其规定。

经营者利用网络排除、限制竞争，构成垄断行为的，依照《中华人民共和国反垄断法》处理。

第四十一条 经营者违反本规定，有违法所得的，依照《中华人民共和国行政处罚法》第二十八条的规定，除依法应当退赔的外，应当予以没收。

第四十二条 违反本规定涉嫌构成犯罪，依法需要追究刑事责任的，市场监督管理部门应当按照有关规定及时将案件移送公安机关处理。

第五章　附　　则

第四十三条 本规定自2024年9月1日起施行。

研究堆营运单位核安全报告规定

（2024年7月28日生态环境部令第34号公布　自2024年9月1日起施行　国司备字[2024011335]）

目　录

第一章　总　　则

第一条　为了规范研究堆营运单位核安全报告制度，根据《中华人民共和国核安全法》《中华人民共和国民用核设施安全监督管理条例》等法律法规，制定本规定。

第二条　研究堆营运单位对核安全负有全面责任，应当执行核安全报告制度，在建造阶段和运行阶段向国家核安全局或者研究堆所在地区核与辐射安全监督站提交定期报告、重要活动报告、事件报告和核事故应急报告。报告的格式与具体要求，由国家核安全局另行规定。

本规定所称建造阶段为从取得建造许可证之日起，至取得运行许可证之日止；运行阶段为从取得运行许可证之日起，至研究堆终止运行进入停闭管理之日止。

终止运行进入停闭管理、尚未取得退役批准书的研究堆，其核安全报告适用研究堆停闭管理的相关规定。

第二章　定期报告

第三条　研究堆营运单位定期报告包括建造阶段月度报告、年度报告和运行阶段月度报告、年度报告。

研究堆营运单位应当在每个月第十个工作日前，向研究堆所在地区核与辐射安全监督站提交上个月的月度报告；在每年 4 月 1 日前，向国家核安全局提交上一年度的年度报告。

营运单位建造或者运行多个研究堆的，可以将多个研究堆的有关信息合并成一份报告。

Ⅲ类研究堆、处于长期停堆管理期间的研究堆，可以不执行运行阶段月度报告，仅执行运行阶段年度报告。

第四条 建造阶段月度报告包括下列内容：

（一）上个月建造情况总结和下个月建造计划安排；

（二）上个月发生的与安全重要构筑物、系统和设备有关的重要事件综述；

（三）安全重要构筑物、系统和设备建造中存在的问题、纠正措施和经验反馈；

（四）核安全监管部门所提核安全监管要求落实情况；

（五）下个月计划开展的核安全有关重要活动；

（六）其他应当报告的事项或者活动。

第五条 运行阶段月度报告包括下列内容：

（一）研究堆运行、应用情况；

（二）异常、故障和事件情况；

（三）维修、检查和修改情况；

（四）堆芯变更、燃料操作、固体放射性废物产生、处理和贮存、流出物排放等事项或者活动情况；

（五）人员培训及主要运行和安全管理岗位人员变化情况；

（六）核安全监管部门所提核安全监管要求落实情况；

（七）下个月计划开展的核安全有关重要活动；

（八）其他应当报告的事项或者活动。

第六条 建造阶段年度报告包括下列内容：

（一）安全重要构筑物、系统和设备建造进展和质量情况总结；

（二）报告年份内发生的与安全重要构筑物、系统和设备有关的重要事件综述；

（三）安全重要构筑物、系统和设备建造中存在的问题、纠正措施和经验反馈综述；

（四）核安全监管部门所提核安全监管要求落实情况综述；

（五）其他应当报告的问题和参考资料清单。

第七条　处于长期停堆管理期间的研究堆，运行阶段年度报告包括下列内容：

（一）安全重要构筑物、系统和设备的监测、试验、维护和巡视检查情况；

（二）燃料管理和放射性废物贮存情况；

（三）实物保护系统运行及人员值守情况；

（四）其他应当报告的事项和活动综述。

前款规定以外的研究堆，运行阶段年度报告包括下列内容：

（一）研究堆运行、应用情况综述；

（二）非计划降功率运行和停堆情况、安全系统故障、运行事件与经验反馈情况综述；

（三）维修、检查和修改情况综述；

（四）放射性废物管理情况综述；

（五）辐射防护和人员培训情况综述；

（六）核安全监管部门所提核安全监管要求落实情况综述；

（七）其他应当报告的事项和活动综述。

第三章　重要活动报告

第八条　对未纳入建造阶段月度报告和运行阶段月度报告的重要活动，研究堆营运单位应当以公文、信函、电子邮件或者传真等有效方式，在进行有关重要活动前及时向研究堆所在地区核与辐射安全监督站报告。

第九条　本规定第八条规定的重要活动包括：

（一）研究堆营运单位组织的与核安全有关的重要调查、审查或者检查活动；

（二）国家核安全局或者研究堆所在地区核与辐射安全监督站确定的有关控制点时间变更和后续计划安排；

（三）研究堆营运单位与核安全有关的重要会议、论证、试验和纠正措施；

（四）研究堆营运单位进行的新燃料进场、放射性废物或者乏燃料现场转移或者外运活动；

（五）国家核安全局或者研究堆营运单位认为应当报告的涉及核安全的其他重要活动。

第四章　事 件 报 告

第十条　建造阶段研究堆安全重要构筑物、系统和设备以及与其有关的采购、土建、安装和调试等活动出现以下情况的，研究堆营运单位应向国家核安全局报告建造事件：

（一）与相关法律、行政法规、部门规章和国家强制性标准不一致；

（二）违反研究堆建造许可文件规定的条件，或者未按照建造许可文件规定的条件完成相关论证、验证工作即开展相关活动；

（三）与研究堆建造许可文件中认可的初步安全分析报告、质量保证大纲不一致，或者与研究堆营运单位在建造许可申请文件中承诺遵守的规范、标准或者技术条件要求不一致，导致研究堆安全重要构筑物、系统和设备的安全功能不能满足或者不能确定满足要求；

（四）构成研究堆实体屏障的重要设备或者构筑物受到严重损伤，导致其安全功能不能满足或者不能确定满足要求；

（五）发生共因事件或者故障；

（六）发生原设计未预计或者结果超出设计范围的情况，导致安全功能可能受到不利影响；

（七）发现故意破坏、造假和欺骗情形；

（八）国家核安全局或者研究堆营运单位认为应当报告的其他事件。

第十一条 运行阶段研究堆营运单位应向国家核安全局报告下列运行事件:

(一)研究堆营运单位执行研究堆运行限值和条件所要求的停堆;

(二)研究堆超出安全限值、安全系统整定值,或者超出实验的安全限值、安全系统整定值;

(三)违反研究堆运行限值和条件,或者违反实验的运行限值和条件规定的操作或者状况;

(四)研究堆主要实体屏障严重劣化,或者出现导致研究堆安全水平明显降低的没有分析过的状况;

(五)导致反应堆保护系统、专设安全设施自动或者手动触发的事件;

(六)任何可能妨碍构筑物或者系统实现安全停堆和保持安全停堆状态、排出堆芯余热、控制放射性物质释放、缓解事故后果等安全功能的事件;

(七)同一原因导致安全系统的系列或者通道同时失效的事件,这些系统包括具有停堆和保持安全停堆状态、排出堆芯余热、控制放射性物质释放、缓解事故后果、事故后监测等安全功能的系统;

(八)在运行阶段发现的,由于设计、采购、土建、安装、调试、维修、试验、检查、修改等方面的原因,或者人员培训、资格考核及质量保证等工作的失误,导致研究堆的某些重要安全物项或参数与最终安全分析报告不符,并对核安全存在不利影响的事件;

(九)放射性违规排放或者意外释放(排放)或人员受到超剂量限值辐射照射事件;

(十)任何对研究堆安全有现实威胁或者明显妨碍研究堆现场人员执行安全运行有关职责的内部事件、自然事件或者其他外部事件、网络攻击事件;

(十一)国家核安全局或者研究堆营运单位认为应当报告的其

他事件。

研究堆进入应急状态的,研究堆营运单位应当按照本规定第五章有关核事故应急报告的要求进行报告。

第十二条 研究堆营运单位应当在建造事件、运行事件发生或者发现后二十四小时内,口头通告国家核安全局和研究堆所在地区核与辐射安全监督站。口头通告的方式可以采取电话、当面陈述或者其他有效方式。

建造事件口头通告的内容应当包括研究堆名称、事件发生时间、报告依据、事件摘要和报告人。

运行事件口头通告的内容应当包括研究堆名称、事件发生时间、报告依据、事件发生前研究堆状态和功率水平、事件初步情况,以及口头通告时所处的状况。

第十三条 研究堆营运单位应当在建造事件、运行事件发生或者发现后三日内,向国家核安全局和研究堆所在地区核与辐射安全监督站提交书面通告。

建造事件书面通告的内容应当包括本规定第十二条规定的口头通告的内容,以及出现问题的构筑物、系统和设备及其供货商、制造厂或者施工单位等。

运行事件书面通告的内容应当包括本规定第十二条规定的口头通告的内容,以及初步事件分级、事件对运行的影响、放射性后果、出现问题的系统或者设备等。

第十四条 研究堆营运单位应当在建造事件、运行事件发生或者发现后三十日内,向国家核安全局提交事件报告。

提交事件报告的期限已届满,研究堆营运单位对事件的处理尚没有结论或者没有处理完毕的,可以先向国家核安全局提交阶段性事件报告及下阶段的工作内容和计划,并在事件处理完毕后提交补充信息。

建造事件报告的内容应当包括事件背景、事件描述、已经制定的或者正在进行的纠正措施、事件对工程质量和进度的影响、事件的原因分析和经验教训、事件对安全影响的分析等。

运行事件报告的内容包括事件描述、主要的失效、安全系统响应、事件原因分析、安全后果评估、纠正措施、事件分级、以往类似事件、事件编码等。

第十五条 国家核安全局认为研究堆营运单位提交的事件报告不够清晰和完整的,研究堆营运单位应当在对事件报告内容进行补充或者修改后重新提交。

第五章 核事故应急报告

第十六条 研究堆进入应急状态、应急状态变更或者应急状态终止后三十分钟内,研究堆营运单位应当首先用电话,随后用传真或者其他约定的电子信息传输方式向国家核安全局和研究堆所在地区核与辐射安全监督站发出核事故应急通告。

第十七条 研究堆进入应急状态后,研究堆营运单位应当保持与国家核安全局应急通讯平台的畅通,直到应急状态终止。

第十八条 研究堆进入厂房应急或者高于厂房应急状态后的一小时内,研究堆营运单位应当首先用电话,随后用传真或者其他约定的电子信息传输方式向国家核安全局和研究堆所在地区核与辐射安全监督站发出核事故应急报告,并在首次发出核事故应急报告之后持续发出核事故应急报告,直至应急状态终止。

同一应急状态下,研究堆营运单位连续两次发出核事故应急报告的时间间隔不应超过两小时;事故态势得到控制后,研究堆营运单位发出核事故应急报告的时间间隔可适当延长,但不得超过六小时。

研究堆营运单位认为有必要时,可以向国家核安全局和研究堆所在地区核与辐射安全监督站即时报送核事故应急报告,不受本条规定的时间间隔限制。

第十九条 研究堆应急状态终止后三十日内,研究堆营运单位应当向国家核安全局提交研究堆核事故评价报告，并在核事故评价报告中对核事件或者事故进行分级。

第六章　附　　则

第二十条　研究堆营运单位提交月度报告、年度报告、事件书面通告、事件报告和核事故评价报告的届满之日是节假日的，顺延至节假日后第一个工作日。

第二十一条　本规定中事件或者事故分级，是指按照国际核事件分级标准(INES)对运行事件或者事故进行的分级。

第二十二条　研究堆营运单位的核安全信息公开，按照有关规定执行。

第二十三条　本规定由国家核安全局负责解释。

第二十四条　本规定自2024年9月1日起施行。1995年6月14日国家核安全局发布的《研究堆营运单位报告制度》同时废止。

中华人民共和国实施金伯利进程证书制度管理规定

(2024年7月29日海关总署令第269号公布　自2024年9月1日起施行　国司备字[2024011362])

第一条　为了履行国际义务，维护非洲地区的和平与稳定，制止冲突钻石非法交易，根据《中华人民共和国海关法》、《中华人民共和国进出口商品检验法》及其实施条例等有关法律、行政法规和联合国大会第55/56号决议、金伯利进程证书制度的规定，制定本规定。

第二条　本规定适用于海关对进出口毛坯钻石实施金伯利进

程证书制度的管理工作。

第三条 海关总署是我国实施金伯利进程证书制度的管理部门。

海关总署指定的主管海关负责审核进口毛坯钻石随附的金伯利进程证书，签发出口毛坯钻石金伯利进程证书，对进出口毛坯钻石实施查验。

第四条 金伯利进程证书是具有法律约束力的官方证明文件。

第五条 进口毛坯钻石的来源国和出口毛坯钻石的目的国应当是金伯利进程成员。

金伯利进程成员名单由海关总署另行公布。

第六条 进口毛坯钻石的收货人或者其代理人凭来源国指定机构签发的金伯利进程证书向海关如实申报。

第七条 海关受理申报后，在指定地点及收货人或者其代理人在场的情况下，审核金伯利进程证书，对进口毛坯钻石实施查验。

必要时，海关可以对金伯利进程证书进行成员间核对。

第八条 经审核查验，进口毛坯钻石与金伯利进程证书记载信息一致的，海关允许进境，并向来源国指定机构签发进境确认证明；进口毛坯钻石与金伯利进程证书记载信息不一致的，经来源国指定机构同意，海关根据审核查验结果变更金伯利进程证书记载信息，允许毛坯钻石进境，并向来源国指定机构签发进境确认证明。

不符合前款情形的，海关应当告知收货人或者其代理人将毛坯钻石退回至来源国。海关可以根据与来源国指定机构的协商情况签发技术证书。

第九条 出口毛坯钻石的发货人或者其代理人应当向海关声明毛坯钻石为非冲突钻石且目的国为金伯利进程成员，并向海关如实申报。

对于声明开采自中国境内的毛坯钻石,发货人或者其代理人还应当提交采矿许可证复印件、采矿权人出具的毛坯钻石开采证明和国内交易的相关单证。

对于声明非开采自中国境内的毛坯钻石,发货人或者其代理人还应当提交进境时随附的金伯利进程证书。毛坯钻石在境内经过进一步加工的,应当提供加工有关材料。

第十条 海关受理申报后,在指定地点及发货人或者其代理人在场的情况下,审核申报信息,对出口毛坯钻石实施查验。

第十一条 经审核查验,出口毛坯钻石符合本规定要求的,海关签发金伯利进程证书,监督发货人或者其代理人将毛坯钻石及金伯利进程证书置于防损容器中,并告知目的国指定机构金伯利进程证书的相关信息。

出口毛坯钻石不符合本规定要求的,海关不予签发金伯利进程证书。

第十二条 已经出口的毛坯钻石,经目的国指定机构与海关协商退回至中国境内的,收货人或者其代理人应当凭金伯利进程证书以及目的国指定机构签发的技术证书,向海关申报。海关审核查验后,将技术证书退回至目的国签发机构,原金伯利进程证书同时失效。

第十三条 海关和毛坯钻石收发货人应当对申报单证、金伯利进程证书和技术证书等材料进行归档,档案保存期限不少于3年。

第十四条 海关签发的金伯利进程证书和技术证书自签发之日起60日内有效。

第十五条 对过境、转运和通运的毛坯钻石,海关在运输工具负责人确保毛坯钻石防损容器未开封且未受损的情况下,可以不予审核金伯利进程证书和实施查验。

第十六条 为方便贸易,便于监管,有关钻石交易机构应当配合海关工作,并提供必要的条件。

第十七条 海关总署按照金伯利进程证书制度的要求及时交换数据,统一对外发布有关信息。

第十八条 违反本规定的行为,由海关依照有关法律法规予以处理。

第十九条 本规定下列用语含义:

金伯利进程,是指根据联合国大会决议设立的、负责打击冲突钻石非法交易的国际性组织机构。

冲突钻石,是指根据联合国大会和联合国安全理事会有关决议,为资助颠覆或者推翻合法政府等各类武装冲突,由反叛运动或者其同盟所使用的毛坯钻石。

毛坯钻石,是指未经加工或者经过简单切割或者部分抛光,归入《商品名称及编码协调制度》7102. 10、7102. 21 和 7102. 31 的钻石。

金伯利进程证书,是指由来源国指定机构签发的,证明证书上所列的毛坯钻石符合金伯利进程证书制度有关规定、不属于冲突钻石的书面文件。

技术证书,是指因毛坯钻石真实情况与所附金伯利进程证书记载信息内容不一致,由目的国指定机构签发的随附于退回来源国毛坯钻石的书面文件。

来源国,是指金伯利进程证书上记载的、毛坯钻石合法地最后实际离开的某一金伯利进程成员。

目的国,是指金伯利进程证书上记载的、毛坯钻石合法地最先实际进入的某一金伯利进程成员。

指定机构,是金伯利进程成员负责对其进出口的毛坯钻石实施查验、审核和签发金伯利进程证书以及技术证书的机构。

第二十条 本规定中的文书格式由海关总署另行公告。

第二十一条 本规定由海关总署负责解释。

第二十二条 本规定自 2024 年 9 月 1 日起施行。2002 年 12 月 31 日原国家质量监督检验检疫总局令第 42 号公布、根据 2018

年3月6日原国家质量监督检验检疫总局令第196号、2018年4月28日海关总署令第238号、2018年5月29日海关总署令第240号、2018年11月23日海关总署令第243号修改的《中华人民共和国实施金伯利进程国际证书制度管理规定》同时废止。

中华人民共和国出口货物原产地证书签证管理办法

（2024年7月30日海关总署令第270号公布　自2024年9月1日起施行　国司备字[2024011359]）

第一章　总　　则

第一条　为了规范中华人民共和国出口货物原产地证书（以下简称原产地证书）签证管理工作，根据《中华人民共和国海关法》、《中华人民共和国进出口商品检验法》及其实施条例、《中华人民共和国进出口货物原产地条例》等有关法律、行政法规的规定，制定本办法。

第二条　本办法适用于非优惠原产地证书、普惠制原产地证书、区域性优惠原产地证书的签证管理工作。

第三条　海关总署负责全国原产地证书签证管理工作。

海关和中国贸促会及其地方贸促机构（以下统称签证机构）负责原产地证书签证工作。

第二章　原产地证书的申请、审核和签发

第四条　出口货物发货人、生产商可以自行或者委托代理人向签证机构申请原产地证书。

出口货物发货人、生产商委托代理人申请的，应当向签证机构

提交授权委托书。

第五条 申请原产地证书的出口货物发货人或者其代理人、生产商或者其代理人(以下统称申请人)应当按照规定如实填报原产地证书申请信息,提交出口货物商业发票等证明货物原产资格、原产国(地区)的材料。

申请人首次申请原产地证书时,还应当提供企业统一社会信用代码、英文名称等基本信息。上述信息发生变化时,申请人应当及时更新。

申请人对申请信息和材料的真实性、准确性、完整性和规范性承担相应的法律责任。

第六条 申请人应当在出口货物装运前或者装运时向签证机构申请原产地证书。

根据生产商申请,其住所地签证机构可以预先核实出口货物的原产地情况。

第七条 签证机构收到原产地证书申请后,应当于 2 个工作日内完成审核,并根据下列情况分别作出处理:

(一)申请信息和材料不符合规定的,应当一次性告知申请人需要补正的全部内容;

(二)申请信息和材料符合规定且出口货物符合相应原产地规则的,予以签发原产地证书;

(三)出口货物不符合相关原产地规则的,不予签发原产地证书,并向申请人说明理由。

第八条 签证机构可以使用电子签名和电子印章签发原产地证书。

第九条 签证机构应当自原产地证书签发之日起 3 年内,以纸质或者电子方式保存原产地证书副本和申请材料。

第十条 出口货物发货人、生产商应当自原产地证书签发之日起 3 年内,以纸质或者电子方式保存证明出口货物原产资格、原产国(地区)的相关材料。

第三章　原产地证书的补发、重发和更改

第十一条　申请人可以自出口货物装运之日起 1 年内向签证机构申请补发原产地证书,同时提交提单等货运单据。

签证机构根据本办法第七条的规定审核合格的,予以补发原产地证书并加注补发字样。

对于退运货物或者无法核实原产地的货物,签证机构不予补发原产地证书。

第十二条　原产地证书正本遗失或者损毁的,申请人可以在原证书有效期内申请原证书的经认证的真实副本。签证机构审核后予以签发,加注重发字样并注明原证书作废。

第十三条　原产地证书需要更改的,申请人应当在原证书有效期内向原签证机构提出申请。签证机构可以要求申请人提供佐证材料,并按照不同情形进行处理:

(一)申请签发新的原产地证书的,申请人应当交回原证书正本,签证机构根据本办法第七条的规定审核合格后予以签发。原证书无法交回的,签证机构同时在新证书上注明原证书作废;

(二)申请在原证书上更改的,签证机构审核后在原证书上更改,在更改处签名并加盖签证机构印章。

第十四条　签证机构应当自收到补发、重发或者更改原产地证书申请之日起 2 个工作日内审核完毕。

第十五条　原产地证书自签发之日起 1 年内有效。

补发原产地证书自出口货物装运之日起 1 年内有效。

重发、更改的原产地证书,其有效期与原证书有效期相同。

第四章　原产地核查

第十六条　签证机构在预先核实原产地、签证审核以及实施

后续监管时，可以通过以下方式进行原产地核查：

（一）要求申请人补充提交证明出口货物原产资格、原产国（地区）的相关信息和材料；

（二）查阅、复制合同、发票、账簿、生产加工记录以及其他相关材料；

（三）实地核查出口货物的生产设备、加工工序、原材料及零部件的原产资格、原产国（地区）以及出口货物说明书、包装、商标、唛头和原产地标记等涉及原产地确定的相关信息。

原产地核查时间不计入本办法第七条、第十四条规定时限内。

第十七条 签证机构依法开展原产地核查时，申请人应当予以配合。

第十八条 货物进口国（地区）主管机构提出原产地核查请求的，签证机构按照本办法第十六条的规定进行核查。核查结果由海关总署对外备案的联络点统一反馈。

第五章 监督管理

第十九条 海关总署对原产地证书签证工作进行监督和检查。

第二十条 海关总署负责签证机构及其印章、签证人员、联络点等信息的对外备案，开展原产地电子信息对外交换。

第二十一条 签证机构负责本机构空白原产地证书、签证印章的管理。

第二十二条 海关总署负责全国原产地证书签证统计。

签证机构负责本机构原产地证书的签证统计。

中国贸促会负责汇总贸促系统原产地证书签证统计数据，定期报送海关总署。

第二十三条 海关总署和签证机构的工作人员对签证工作中所知悉的商业秘密、个人隐私、个人信息，应当依法予以保密。

第二十四条 中国贸促会及其地方贸促机构发现涉嫌违反本办法规定的,应当及时将违法线索移交海关,并配合做好调查工作。

第二十五条 违反本办法规定的行为,由海关依照相关法律法规予以处理。

第六章 附 则

第二十六条 本办法下列用语含义:

非优惠原产地证书,是指适用于实施最惠国待遇、反倾销和反补贴、保障措施、原产地标记管理、国别数量限制、关税配额等非优惠性贸易措施以及进行政府采购、贸易统计等活动中为确定出口货物原产于中华人民共和国境内所签发的证明文件。

普惠制原产地证书,是指为我国出口货物享受普遍优惠制给惠国关税减让待遇确定出口货物原产于中华人民共和国境内的证明文件。

区域性优惠原产地证书,是指为我国出口货物享受其他缔约方在自由贸易协定或者优惠贸易安排项下关税减让待遇确定出口货物原产地或者原产资格的证明文件。

第二十七条 转口证书、加工装配证书、为特定产品出具的烟草真实性证书、输欧盟非优惠进口特别安排项下产品原产地证书等专用证书的签证管理参照本办法执行。

第二十八条 中华人民共和国缔结或者参加的自由贸易协定和优惠贸易安排对原产地证书签证管理有特殊规定的,从其规定。

第二十九条 本办法由海关总署负责解释。

第三十条 本办法自 2024 年 9 月 1 日起施行。2009 年 6 月 14 日原国家质量监督检验检疫总局令第 114 号公布、根据 2016 年 10 月 18 日原国家质量监督检验检疫总局令第 184 号、2018 年 4 月 28 日海关总署令第 238 号、2018 年 5 月 29 日海关总署令第 240 号修改的《中华人民共和国非优惠原产地证书签证管理办法》同时废止。

中华人民共和国海关风险管理办法

（2024年7月30日海关总署令第271号公布　自2024年12月1日起施行　国司备字[2024011363]）

第一条　为了规范海关风险管理工作，落实总体国家安全观，促进对外贸易便利化，根据《中华人民共和国海关法》《中华人民共和国关税法》《中华人民共和国生物安全法》《中华人民共和国国境卫生检疫法》《中华人民共和国进出境动植物检疫法》《中华人民共和国食品安全法》《中华人民共和国进出口商品检验法》等有关法律、行政法规以及中华人民共和国缔结、参加的国际条约规定，制定本办法。

第二条　海关为防范进出境交通运输工具、运输设备、人员、货物、物品的禁限管制、口岸公共卫生安全、国门生物安全、食品安全、商品质量安全、税收安全、侵犯知识产权风险以及其他进出境安全风险，开展风险信息收集、风险评估和风险处置等风险管理活动，适用本办法。

第三条　海关风险管理坚持总体国家安全观，坚持以人民为中心，遵循防控并重、分级分类、协同共治的原则。

第四条　海关加强大数据、人工智能等现代科学技术在风险管理中的应用，推进风险信息共享，依托信息化系统开展风险处置，统一下达指令，提升风险管理智能化水平。

第五条　海关及其工作人员对风险管理过程中知悉的国家秘密、商业秘密、工作秘密、个人隐私和个人信息负有保密义务，依法落实数据安全保护责任。

第六条　海关根据风险管理工作需要，可以通过下列渠道收集风险信息：

（一）实施风险监测；

（二）政府部门信息共享；

（三）有关单位和个人提供；

（四）通过公开渠道获取；

（五）购买第三方信息服务；

（六）开展国家（地区）、国际组织间信息共享；

（七）法律法规规定的其他方式。

第七条 海关可以采用制定风险监测计划、设立风险监测点等方式实施风险监测，持续、系统地收集风险信息。

第八条 海关收集风险信息，可以依法查阅、复制或者要求有关单位、个人提供与进出境交通运输工具、运输设备、人员、货物、物品有关的资料，询问有关单位和个人，有关单位和个人应当予以配合。

第九条 有关单位和个人发现其经营、代理或者所有的进出境交通运输工具、运输设备、货物、物品存在进出境安全风险的，应当及时向海关报告相关风险信息，并采取适当措施主动控制、降低或者消除风险。

进出境人员发现本人存在进出境安全风险的，按照前款规定办理。

第十条 海关根据收集的信息和在进出境监督管理过程中获取的其他信息，建立风险评估指标体系，运用科学方法，识别危害因素及其发生的原因，评估风险的危害程度、发生可能性、发展态势，并对风险水平作出评估结论。

第十一条 海关开展风险评估，可以组织内部专家实施，也可以委托具备相关资质或者能力的外部专家、专业机构实施。

接受委托的外部专家、专业机构对风险评估过程中知悉的相关信息依法承担保密责任。

第十二条 海关根据风险评估结论，结合单位和个人信用状况、行业和进出境活动特点等因素，就风险处置作出管理决策，采取与风险水平相匹配的处置措施，实施分级分类处置。

第十三条 海关根据风险评估结论，可以依法采取与风险水平相匹配的以下一项或者多项风险处置措施：

（一）调整核验单证、查验、检查、稽查、核查等监督管理措施的项目和频次；

（二）调整合格评定程序、检疫措施、担保标准；

（三）批准、暂停或者取消向我国境内进出口特定货物的相关资质；

（四）允许、限制或者禁止进出境交通运输工具、运输设备、人员、货物、物品进出境；

（五）暂停、不予办理或者恢复办理海关手续；

（六）发布、解除风险预警或者向相关部门通报；

（七）法律法规规定的其他措施。

第十四条 海关根据风险评估结论，可以在海关系统内发布风险警示通报，向相关单位、公众发布风险警示通告或者公告，或者向其他政府部门、境外国家（地区）政府部门、有关国际组织进行通报。

第十五条 海关采取风险处置措施时，可以依法就特定风险要求进出境相关单位和个人提供证据，证明该风险不存在或者风险较低。海关经审查，认为相关证据能够证明该风险不存在或者风险较低的，可以调整风险处置措施。

第十六条 因科学认识、评估方法、信息等具有局限性，评估结论未能准确反映危害因素及其发生的原因，或者评估结论不能完全反映风险水平的，海关可以基于当前评估结论采取相应的处置措施。

海关根据前款规定采取处置措施的，应当积极收集风险信息、改进评估方法，减少风险评估结论的不确定性，调整风险处置措施。

第十七条 海关根据风险管理工作需要，制定重大安全风险应急处置预案。

当境外或者国境口岸发生重大安全风险事件，可能对我国境内造成影响，暂不能确定发生原因、危害程度、影响范围的，海关可以启动应急预案，依法采取必要的紧急处置措施。

第十八条 有证据表明风险水平发生显著变化的，海关可以根据需要进行再评估，并根据评估结论及时调整相应风险处置措施。

海关对风险管理活动有效性进行评价，根据评价情况持续改进风险管理体系。

第十九条 海关会同有关部门建立风险联合防控机制，协同开展相关风险信息收集、风险评估和风险处置，共同维护进出境安全。

第二十条 本办法由海关总署负责解释。

第二十一条 本办法自 2024 年 12 月 1 日起施行。2001 年 9 月 25 日原国家质量监督检验检疫总局令第 1 号公布、根据 2018 年 4 月 28 日海关总署令第 238 号修改的《出入境检验检疫风险预警及快速反应管理规定》同时废止。

铁路机车车辆驾驶人员资格许可办法

（2024 年 8 月 2 日交通运输部令 2024 年第 9 号公布
自 2024 年 12 月 1 日起施行　国司备字[2024011274]）

第一章　总　　则

第一条 为了规范铁路机车车辆驾驶人员资格许可工作，保障铁路运输安全和畅通，根据《中华人民共和国铁路法》《中华人民共和国行政许可法》《铁路安全管理条例》等法律、行政法规和国家有关规定,制定本办法。

第二条 在中华人民共和国境内的铁路线上,承担铁路运输或者施工、维修、检测、试验等任务的铁路机车、动车组、大型养路机械、轨道车、接触网作业车驾驶人员(以下简称驾驶人员),应当依照本办法向国家铁路局申请铁路机车车辆驾驶资格,经考试合格后取得资格许可,并获得相应类别的铁路机车车辆驾驶证(以下简称驾驶证)。

内地与香港过境作业的铁路机车车辆驾驶人员资格管理,以及外方进入我国境内作业的铁路机车车辆驾驶人员资格管理按有关规定执行。

第三条 国家铁路局负责铁路机车车辆驾驶人员资格许可管理工作。

各地区铁路监督管理局(含北京铁路督察室,下同)负责本辖区内铁路机车车辆驾驶人员资格监督检查工作。

国家铁路局和各地区铁路监督管理局,以下统称铁路监管部门。

第四条 具有下列情形的人员不得驾驶铁路机车车辆:

(一)走私、贩卖或者吸食毒品的;

(二)组织、领导或者参与恐怖主义活动的;

(三)饮酒、服用国家管制的精神药品或者麻醉药品,或者患有妨碍安全驾驶铁路机车车辆疾病,或者存在其他影响安全驾驶行为的;

(四)违章驾驶后未采取考核、教育、培训等措施的;

(五)不具有相应驾驶资格或者持过期、失效、不符合准驾类型驾驶证的(不含经批准在相应申请考试机型上进行实际操作训练或者实际操作考试的人员,下同)。

第五条 驾驶资格按机车车辆类型分为机车系列和自轮运转车辆系列,并对不跨线至国家铁路营业线作业的城际铁路、市域(郊)铁路、专用铁路及铁路专用线驾驶人员实施差异化分类管理。

第六条 对不跨线至国家铁路营业线作业的城际铁路、市域(郊)铁路、专用铁路及铁路专用线驾驶人员的驾驶资格,分为四类,分别以“市”、“专”字拼音第一个字母大写“S”、“Z”脚注予以区分:

(一)S1类:需从城际及市域(郊)铁路跨线至地铁等城市轨道交通线路作业的,包括城际及市域(郊)铁路本线作业的;

(二)S2类:仅在城际及市域(郊)铁路本线作业的;

(三)Z1类:需出专用铁路及铁路专用线厂(矿)区但不过轨进入国家铁路营业线作业的,包括专用铁路及铁路专用线厂(矿)区内和段管线内作业的;

(四)Z2类:仅在专用铁路及铁路专用线厂(矿)区内和段管线内作业的。

跨线至城市轨道交通线路作业的,须按照国家有关规定取得城市轨道交通列车驾驶员相应职业准入资格。

第七条 驾驶资格具体代码及对应的准驾铁路机车车辆类型为:

(一)机车系列,代码以“机”字拼音第一个字母大写“J”表示:

J5类:准驾内燃机车(含内电混合动力新能源机车),按适用范围分为J5、$J5_{S1}$、$J5_{S2}$、$J5_{Z1}$、$J5_{Z2}$类型;

J6类:准驾电力机车(含电电混合、氢动力新能源机车),按适用范围分为J6、$J6_{S1}$、$J6_{S2}$、$J6_{Z1}$、$J6_{Z2}$类型;

J7类:准驾动力分散型电力动车组(含新能源动车组),按适用范围分为J7、$J7_{S1}$、$J7_{S2}$类型;

J8类:准驾动力集中型内燃动车组,按适用范围分为J8、$J8_{S1}$、$J8_{S2}$类型;

J9类:准驾动力集中型电力动车组,按适用范围分为J9、$J9_{S1}$、$J9_{S2}$类型。

(二)自轮运转车辆系列,代码以“辆”字拼音第一个字母大写“L”表示:

L2 类：准驾大型养路机械（含新能源大型养路机械），按适用范围分为 L2、$L2_{S1}$、$L2_{S2}$、$L2_{Z1}$、$L2_{Z2}$ 类型；

L3 类：准驾轨道车、接触网作业车（含新能源轨道车、接触网作业车），按适用范围分为 L3、$L3_{S1}$、$L3_{S2}$、$L3_{Z1}$、$L3_{Z2}$ 类型。

第八条 国家铁路局推进铁路机车车辆驾驶资格信息管理系统（以下简称信息管理系统）建设，通过系统实现驾驶资格申请、考试、证件管理、监督检查等功能。

第九条 国家铁路局建立铁路机车车辆驾驶人员资格信用信息记录库，对聘用铁路机车车辆驾驶人员的企业（以下简称企业）、驾驶资格考试涉及的单位以及人员违反驾驶资格申请、考试、证件管理、执业等相关规定的行为，纳入信用信息记录库并上报至国家统一信用信息共享平台。

第十条 企业应当落实安全生产主体责任，建立健全驾驶人员管理制度。

企业应当为驾驶资格申请人提供必要的学习、培训条件。

企业应当对驾驶人员进行岗前教育和培训，教育和培训合格后方可上岗；未经教育和培训，或者经教育和培训后考核不合格的人员，不得上岗作业。

企业应当定期对驾驶人员组织培训和考核，制定培训大纲和培训计划，建立培训档案，保存培训考核记录。考核不合格的驾驶人员应当及时调整工作岗位。

企业应当对驾驶人员定期进行健康检查，符合国家对驾驶人员健康标准要求的，方可允许上岗作业。

企业应当对驾驶资格申请人和驾驶人员进行安全背景审查，科学合理制定执乘制度，保证驾驶人员身心健康，并根据驾驶人员的年龄、健康状况、技能水平等确定合理的执乘方式，确保铁路运输安全。

第十一条 驾驶人员应当遵守铁路运输安全法律、法规的规定，严格按照操作规程安全驾驶，有权拒绝违章指挥。

第十二条 任何单位或者个人不得强迫、指使、纵容驾驶人员违反铁路运输安全法律、法规和安全驾驶要求驾驶铁路机车车辆，不得将铁路机车车辆交由不具有相应驾驶资格的人员驾驶。

第二章 申 请

第十三条 申请取得驾驶证的，应当具备下列条件：

（一）年龄在18周岁至45周岁，申请Z1类驾驶资格的年龄上限可以延长至50周岁，申请Z2类驾驶资格的年龄上限可以延长至55周岁；

（二）身体健康，符合国家对驾驶人员健康标准的要求，驾驶适应性测试合格，有良好的汉字读写能力并能够熟练运用普通话交流，申请Z1、Z2类驾驶资格的，对驾驶适应性测试不作要求；

（三）具有国家承认的中专及以上学历（含高中、高职、技校，下同），但是第七项规定的除外；

（四）机车系列申请人应当连续机务乘务学习1年以上或者机务乘务学习行程6万公里以上，自轮运转车辆系列申请人应当连续自轮运转车辆乘务学习6个月以上；但是第六项、第七项、第八项规定的除外；

（五）不具有本办法第四条第一项、第二项规定的情形；

（六）申请J9或者J8类驾驶资格的，应当连续动车组机务乘务学习1年以上且乘务学习行程6万公里以上；

（七）申请J7类驾驶资格的，应当具有国家承认的机车车辆或者机电类专业大专及以上学历；并且连续动车组机务乘务学习行程20万公里，或者连续动车组机务乘务学习2年以上且乘务学习行程15万公里以上，或者连续担任动车组机械师职务2年以上且连续动车组机务乘务学习行程10万公里以上；

（八）申请S1、S2类驾驶资格的，应当连续机务乘务学习1年以上或者机务乘务学习行程6万公里以上，或者连续地铁乘务学习2年以上,或者连续自轮运转车辆乘务学习6个月以上;申请Z1、Z2类驾驶资格的,应当连续机务乘务学习1年以上或者机务乘务学习行程3万公里以上,或者连续自轮运转车辆乘务学习6个月以上。

初次申请驾驶证只能申请机车系列J9、J8、J7、J6、J5类中的一种,或者自轮运转车辆系列L3、L2类中的一种。

第十四条 初次申请驾驶证的,申请人应当提交下列材料:

(一)铁路机车车辆驾驶人员资格考试申请表;

(二)本人居民身份证、港澳台居民居住证或者外国人永久居留身份证;

(三)具有资质的健康体检机构或者二级及以上医疗机构按要求出具的近1年内的体检合格报告;

(四)本人学历相关材料。

第十五条 申请人应当按照本办法规定提交完整、真实的申请材料。

通过信息管理系统申请时,按系统要求办理。

第十六条 增加本系列准驾机车车辆类型或者增加准驾系列称为增驾。申请增驾时,每次可以申请某一系列的一种机车车辆类型。

已具有J9、J8、J7、J6、J5类驾驶资格之一可以互为申请其中的一种。J9、J8、J6、J5类申请J7类增驾资格时,应当不超过45周岁,具有所持有的驾驶资格2年以上且安全乘务10万公里以上;J9、J8、J6、J5类互为申请增驾资格时,应当具有所持驾驶资格1年以上且安全乘务6万公里以上。

L2类持证人申请L3类增驾资格时,应当具有L2类驾驶资格2年以上且安全乘务1万公里以上;L3类持证人申请L2类增驾资格时,应当具有L3类驾驶资格2年以上且安全乘务1万公里以上。

第十七条 申请增驾时,申请人应当提交本办法第十四条第一项、第二项、第三项规定材料和已持有的驾驶证信息。

第三章　考　　试

第十八条　国家铁路局组织建立并管理驾驶资格考试考点、专家库、试题库、考评员库，发布考试公告，编写并公布考试大纲。

驾驶资格考试考点应当符合考试相关规定，达到相应的保密要求，具有良好的社会信誉。

第十九条　国家铁路局铁路机车车辆驾驶人员资格考试中心（以下简称国家铁路局考试中心）具体承办铁路机车车辆驾驶人员资格考试工作。

第二十条　初次申请和申请增驾的人员应当参加国家铁路局组织的考试。考试包括理论考试和实际操作考试。

理论考试内容包括行车安全规章和专业知识两个科目。实际操作考试内容包括检查与试验、驾驶两个科目。

经理论考试合格后，方准予参加实际操作考试。理论考试或者实际操作考试如有一个科目不合格，即为考试不合格。

第二十一条　理论考试成绩 2 年内有效。在理论考试合格有效期内，最多允许参加 3 次实际操作考试。未在有效期内通过实际操作考试的，本次理论考试成绩作废。

国家铁路局通过信息管理系统公布申请人考试成绩。

第四章　驾驶证管理

第二十二条　申请人符合条件且考试合格的，由国家铁路局作出准予行政许可的决定，并颁发相应类别的实体驾驶证。

信息管理系统自动生成电子驾驶证。

第二十三条　驾驶证仅限本人持有和使用，企业不得非法扣留驾驶证。驾驶人员执业遇执法检查时，应当主动配合驾驶资格查验工作。

查验驾驶资格时，电子驾驶证和实体驾驶证均可以作为验证依据。若实体驾驶证与电子驾驶证信息发生不一致时，以电子驾驶证信息为准。

第二十四条 驾驶证应当记载和签注下列内容：

（一）持证人信息：姓名、性别、出生日期、所在单位、公民身份号码或者港澳台居民居住证号码或者外国人永久居留身份证号码、本人照片；

（二）核发机构签注：准驾机车车辆类型代码、初次领驾驶证日期、有效起止日期、核发机关印章。

第二十五条 驾驶证有效期为6年。驾驶证有效截止日期不得超过持证人法定退休日期。

驾驶证有效期满、需要延续的，应当在驾驶证有效期届满前180日内、30日前通过信息管理系统向国家铁路局提出换证申请。驾驶证记载内容发生变化、损毁或者丢失的，应当在90日内向国家铁路局申请换证或者补证。国家铁路局审核后认为符合条件的，予以换证或者补证。

非有效期满换证或者补证的，换发或者补发后的驾驶证有效截止日期不变。申请换证或者补证时无须提交体检合格报告和照片。

驾驶证申请补证期间，驾驶人员可以凭电子驾驶证执业。

第二十六条 有下列情形之一的，应当撤销驾驶资格许可：

（一）工作人员滥用职权、玩忽职守，致使不符合条件的人员取得驾驶证的；

（二）以欺骗、贿赂等不正当手段取得驾驶证的；

（三）依法可以撤销驾驶资格许可的其他情形。

因本条第一款第二项原因撤销驾驶资格许可的，3年内不得再次申请驾驶证。

第二十七条 有下列情形之一的，应当注销驾驶资格许可：

（一）驾驶证有效期届满未延续的；

（二）驾驶人员死亡或者丧失行为能力的；

（三）驾驶证被依法撤销的；

（四）法律、法规规定的其他情形。

第五章 监督管理

第二十八条 驾驶人员应当持续符合许可条件。国家铁路局对驾驶人员实施驾驶资格技能鉴定和职业资格等级评定制度，加强对驾驶人员资格许可的事中事后监管。

第二十九条 铁路监管部门应当加强对企业和驾驶人员的监督检查，对违法违规行为及时纠正，依法查处。

第三十条 企业应当加强对本单位驾驶人员的管理，不得实施下列行为：

（一）安排未取得驾驶资格的人员驾驶铁路机车车辆；

（二）安排驾驶人员持过期、失效或者不符合准驾类型的驾驶证驾驶铁路机车车辆；

（三）安排存在本办法第四条规定情形的人员驾驶铁路机车车辆。

第三十一条 企业发现本单位驾驶人员的驾驶资格许可存在应当被撤销、注销情形的，应当自发现之日起 30 日内向国家铁路局报告，并通过信息管理系统向国家铁路局办理注销手续。

第三十二条 铁路监管部门发现已取得驾驶资格的人员存在本办法规定的不得驾驶铁路机车车辆情形或者违反铁路驾驶作业相关安全规章制度危及安全的，应当予以纠正，责令驾驶人员予以整改。整改完成后，经铁路监管部门检查符合要求的，方可继续上岗作业。

第三十三条 铁路监管部门执法人员对企业和驾驶人员进行监督检查时应当出示有效的执法证件，不得干扰驾驶人员的正常工作，不得非法扣留驾驶证。

第六章 法律责任

第三十四条 申请人隐瞒有关情况或者提供虚假材料申请驾驶证的,国家铁路局不予受理或者不予行政许可,并给予警告;申请人在1年内不得再次申请。

第三十五条 申请人在考试过程中有贿赂、舞弊行为的,或者申请材料弄虚作假的,取消考试资格,已经通过的考试科目成绩无效。

第三十六条 驾驶人员有下列行为之一的,由铁路监管部门处1000元以下的罚款:

(一)饮酒、服用国家管制的精神药品或者麻醉药品后驾驶铁路机车车辆的;

(二)因个人违章驾驶铁路机车车辆发生较大及以上铁路交通事故的;

(三)将铁路机车车辆交由未取得驾驶资格的人员驾驶的;

(四)持过期、失效或者不符合准驾类型的驾驶证驾驶铁路机车车辆的。

第三十七条 驾驶资格申请、考试相关单位和个人有下列行为之一的,由铁路监管部门给予警告,处违法所得3倍以下、最高不超过3万元的罚款,没有违法所得的,处1万元以下的罚款;对直接负责的主管人员和其他直接责任人员处1000元以下的罚款:

(一)对驾驶适应性测试不合格的申请人出具虚假合格证明的;

(二)对不符合要求的申请人出具虚假乘务经历合格证明的。

第三十八条 企业有下列行为之一的,由铁路监管部门责令改正,给予警告,处违法所得3倍以下、最高不超过3万元的罚款,没有违法所得的,处1万元以下的罚款;对直接负责的主管人员和其他直接责任人员处1000元以下的罚款:

（一）明知驾驶人员饮酒、服用国家管制的精神药品或者麻醉药品仍安排其驾驶铁路机车车辆的；

（二）明知驾驶人员患有妨碍安全驾驶铁路机车车辆的疾病，或者存在其他影响安全驾驶行为仍安排其驾驶铁路机车车辆的；

（三）强迫、指使、纵容驾驶人员违反铁路运输安全法律、法规和安全驾驶要求驾驶铁路机车车辆的；

（四）安排未取得驾驶资格的人员驾驶铁路机车车辆的；

（五）安排驾驶资格与准驾类型不符的人员驾驶铁路机车车辆的；

（六）安排驾驶人员持过期、失效驾驶证驾驶铁路机车车辆的；

（七）对违章驾驶人员未采取考核、教育、培训等措施仍安排其驾驶铁路机车车辆的。

第三十九条　企业有下列行为之一的，由铁路监管部门给予警告，处违法所得 3 倍以下、最高不超过 3 万元的罚款，没有违法所得的，处 1 万元以下的罚款；对直接负责的主管人员和其他直接责任人员处 1000 元以下的罚款；违反《中华人民共和国安全生产法》的，按照《中华人民共和国安全生产法》的有关规定给予处罚：

（一）上岗前未对驾驶人员进行上岗培训的；

（二）未建立驾驶人员管理制度的；

（三）未制定岗位培训大纲和培训计划的；

（四）未建立培训档案的；

（五）未定期组织培训考核的；

（六）对培训考核不合格的人员未及时调整工作岗位的；

（七）非法扣留驾驶人员驾驶证的；

（八）发现本单位驾驶人员存在符合驾驶证撤销、注销的情形未按时报告国家铁路局的。

第四十条　有下列行为之一的，按照有关规定对责任人员给予处分；构成犯罪的，依法追究刑事责任：

（一）参与、协助、纵容考试舞弊的；

（二）故意为不符合申请条件、未经考试、考试不合格人员签注合格成绩或者核发驾驶证的；

（三）故意为不符合条件的人员换发或者补发驾驶证的；

（四）在办理驾驶资格过程中索取或者收受他人财物或者谋取其他利益的。

第七章 附　　则

第四十一条 国家铁路局依据本办法制定实施细则。

第四十二条 国家铁路局考试中心具体承办驾驶人员的驾驶资格技能鉴定和职业资格等级评定有关工作。

鼓励和支持相关行业协（学）会及其会员单位参与驾驶人员的驾驶资格考试、技能鉴定和职业资格等级评定有关工作。

第四十三条 本办法自2024年12月1日起施行。交通运输部于2019年12月2日以交通运输部令2019年第43号公布的《铁路机车车辆驾驶人员资格许可办法》同时废止。

民用机场专用设备管理规定

（2024年8月2日交通运输部令2024年第10号公布
自2024年11月1日起施行　国司备字［2024011275］）

第一章 总　　则

第一条 为了规范和加强民用机场专用设备管理，保证民用机场专用设备安全适用，保障民用航空安全，根据《中华人民共和国民用航空法》《中华人民共和国特种设备安全法》《民用机场管理条例》等法律、行政法规，制定本规定。

第二条 本规定适用于中华人民共和国境内民用机场专用设

备的制造、检验、经营、使用和监督管理。

本规定所称民用机场专用设备(以下简称机场设备),是指对民用机场运行安全和民用航空飞行安全具有直接关联的航空器地面服务设备、目视助航及其相关设备和其他地面服务设备等。

第三条 中国民用航空局(以下简称中国民航局)、中国民用航空地区管理局(以下简称民航地区管理局)依据职责对机场设备实施监督管理。

中国民航局对机场设备的制造、检验、经营、使用实施统一监督管理,制定相关标准和技术规范,认定并公布机场设备检验机构(以下简称检验机构),公布机场设备目录和合格的机场设备通告,建立机场设备信息系统。

民航地区管理局对辖区内机场设备的经营、使用实施监督管理。

中国民航局和民航地区管理局统称为民航行政机关。

第四条 机场设备应当符合国家规定的标准和技术规范的要求,坚持安全、适用、节能、环保的原则。

中国民航局对机场设备实行目录管理,机场设备目录由中国民航局发布公告予以公布。

第五条 经中国民航局认定的检验机构对机场设备进行检验,并对检验结论承担法律责任。

第六条 经中国民航局认定的检验机构检验合格的机场设备,由中国民航局以通告的形式予以公布。

未经中国民航局认定的检验机构检验合格的机场设备,不得经营或者投入使用。

第七条 机场设备制造商、经营单位、使用单位应当遵守有关法律、行政法规、规章,加强机场设备安全和节能管理,建立、健全机场设备安全和节能责任制度。

第八条 机场设备投入使用后,制造商和经营单位不得以任何方式影响在用机场设备的正常使用。

第二章 制造商

第九条 制造商应当保证机场设备生产符合相关标准和技术规范的要求,对生产的机场设备的安全性能负责,不得生产不符合安全性能要求和能效指标以及国家明令淘汰的机场设备。

第十条 制造商应当按照要求向检验机构提供机场设备的相关资料和必要的检验条件,并对资料的真实性负责。

第十一条 检验机构进行检验时,制造商应当积极配合,开放有关的生产设施、设备、档案材料等。

第十二条 因生产原因造成机场设备存在危及安全的同一性缺陷时,制造商应当立即停止生产,主动召回。对实施召回的缺陷产品,制造商、经营单位应当及时采取修正或者补充标识、修理、更换、退货等措施消除缺陷。

第十三条 机场设备出厂交付时,制造商应当随附检验合格报告、相关标准和技术规范要求的技术文件、产品质量合格证明、安装及使用维护保养说明等相关技术资料和文件,并在机场设备显著位置设置产品铭牌、安全警示标志及其说明。

进口机场设备的安装及使用维护保养说明、产品铭牌、安全警示标志及其简要说明等应当采用中文。

第三章 经营单位

第十四条 经营单位销售、出租的机场设备,应当符合相关标准和技术规范的要求,其检验合格报告、相关标准和技术规范要求的技术文件、产品质量合格证明、安装及使用维护保养说明等相关技术资料和文件应当齐全。

第十五条 经营单位应当建立机场设备检查验收制度,以及与经营业务相关的销售、出租记录制度。

第十六条 禁止销售、出租未经检验和检验不合格的机场设备或者国家明令淘汰和已经报废的机场设备;禁止出租未按照要求进行维护保养的机场设备。

禁止销售、出租未经制造商认可或者未经重新检验合格的改造设备。

禁止以未经检验和检验不合格的机场设备参与投标。

第十七条 进口机场设备因生产原因造成机场设备存在危及安全的同一性缺陷需要进行召回的,由其在境内的代理机构或者销售单位负责召回。

第四章 检验机构

第十八条 检验机构应当符合下列条件:

(一)产权清晰、独立运作,与制造商、经营单位不存在资产、管理等方面的利害关系;

(二)获得国家级产品质量检验检测中心资质;

(三)具备与机场设备检测项目相适应的能力,技术能力能够覆盖相应机场设备80%以上检测项目和全部关键检测项目;

(四)具备能够承担相关检测工作的设备和人员;

(五)具有与申请设备类似产品3年以上检测经历。

第十九条 申请成为检验机构的法人或者法人授权组织,应当向中国民航局提出书面申请,并提交符合本规定第十八条规定条件的相应材料。

中国民航局收到申请后对检验机构进行评估,对认定的检验机构发布公告予以公布。

第二十条 检验机构应当加强机场设备检验方法的研究,不断提高检验能力和水平。

第二十一条 检验机构可以就相关标准和技术规范向中国民航局提出意见或者建议。

第二十二条　检验机构及其工作人员不得接受任何可能对检验结论产生影响的资助,不得在检验中弄虚作假。

第二十三条　检验机构检验能力下降以致不能胜任有关检验工作或者相关资质被取消时,中国民航局应当撤销认定,并发布公告予以公布。

第五章　检　　验

第一节　一 般 规 定

第二十四条　机场设备的检验,包括对机场设备样品的检测和对制造商产品质量一致性保证条件(以下简称质量一致性)的审核。

第二十五条　检验机构根据制造商的书面申请,依据相关标准和技术规范,对机场设备的合格性进行检验。

第二十六条　制造商的书面申请应当同时提交下列材料:

(一)机场设备结构原理、生产工艺、技术参数、关键部件清单及其性能指标、执行的相关标准和技术规范等技术资料;

(二)按照相关标准和技术规范编制的自行检测规程及自行检测报告;

(三)设备使用及维护保养说明书;

(四)营业执照复印件,有关专业技术人员情况,设备、设施和工作场所情况,质量保证、安全管理和岗位责任等制度情况。

第二十七条　检验机构应当依法提供检验服务,不得利用检验工作故意刁难相关单位。

制造商在检验过程中存在弄虚作假或者隐瞒真实情况等行为的,检验机构应当终止对申请事项的检验,并及时报告中国民航局。

制造商在检验机构进行检验时,拒绝提供相关资料和必要的检测条件或者拒绝开放其生产设施、设备、档案材料的，检验机构应当要求其予以开放；制造商坚持不予开放的，检验机构应当终止对申请事项的检验，并及时报告中国民航局。

第二十八条 制造商存在下列情形之一的，不得向检验机构提交新的同类机场设备检验申请；已经提交的，应当主动通知检验机构暂停对申请事项的检验：

（一）发生民用航空器事故、征候以及其他有关的不安全事件或者其他运行事故，涉及机场设备设计、生产等原因，正在接受事件调查的；

（二）同类机场设备未通过质量一致性复审，尚未完成整改的；

（三）因生产原因造成机场设备存在危及安全的同一性缺陷，制造商未履行设备召回职责，或者召回工作尚未完成的；

（四）违反法律法规的其他情形。

第二十九条 检验机构应当根据相关标准和技术规范，制定包括机场设备样品检测方案、质量一致性审核方案在内的机场设备检验方案。

技术复杂的机场设备，检验机构应当对样品的检测方案进行评估。

第三十条 机场设备采用新材料、新技术、新工艺，与相关标准和技术规范的要求不一致，或者相关标准和技术规范未作要求、可能对安全性能有重大影响的，检验机构应当对检验方案进行论证，由中国民航局组织相关单位进行技术评审。

第三十一条 已获通告的机场设备发生下列情形之一的，制造商应当重新申请检验：

（一）制造商对设备主体结构、主要部件或者操作系统进行调整或者更换的；

（二）因设计、生产或者功能缺陷等原因，导致机场设备存在安全隐患、出现严重故障或者造成运行事故，制造商分析原因，完善有关设计、改进生产工艺或者流程，已经消除安全隐患的；

（三）中国民航局依据相关标准或者技术规范变更等情况，要求补充检验的。

第三十二条 作为检验依据的相关标准或者技术规范发生变更时：

（一）检验机构应当依据新的标准或者技术规范对机场设备进行检验；

（二）除经中国民航局组织论证需要限期整改的，在用的机场设备仍可以继续使用；

（三）除经中国民航局组织论证需要重新检验或者补充检验的，已获通告的机场设备检验合格结论继续有效。

第三十三条 检验机构应当对机场设备的检验情况进行记录和保存，具体包括检验申请书及相关文件、机场设备样品检测报告和质量一致性审核报告等。相关记录应当至少保存 10 年。

对目视助航设备，检验机构应当封存至少 1 台检测样品，封存期限应当不少于 5 年。

第二节 样品的检测

第三十四条 检验机构应当依据下列文件开展机场设备样品的检测：

（一）相关标准和技术规范；

（二）经评审的新型设备检验方案（如适用）。

第三十五条 用于检测的机场设备样品应当由检验机构随机选取。不具备随机选取条件的，可以由制造商选送。

第三十六条 检验机构应当对机场设备样品检测情况作出详细记录，并编制检测报告。

第三十七条 机场设备样品未通过检测的，检验机构应当在 5 个工作日内书面通知制造商；机场设备样品检测合格的，检验机构应当在检测工作结束后 10 个工作日内出具检测报告。

第三十八条 机场设备样品未通过检测，制造商经过改进重新向检验机构提交机场设备样品时，检验机构可以只对上次未通过检测的部分以及与其相关联的部分重新检测，必要时应当对重新提交的机场设备样品进行全面检测。

第三节　质量一致性审核

第三十九条　机场设备样品通过检测后，检验机构应当组织对制造商进行质量一致性审核。

制造商已经通过机场设备质量一致性审核的1年内，可以豁免对其同类机场设备质量一致性审核。

第四十条　检验机构进行质量一致性审核时，应当现场复核有关申请材料内容，查验制造商是否具有与生产相适应的专业技术人员，查验制造商是否具有与生产以及出厂检验相适应的设备、设施和工作场所，评估有关质量保证、安全管理和岗位责任等制度体系是否健全。

第四十一条　对于质量一致性审核中发现的问题，制造商采取措施解决以后，检验机构应当对其进行复核。

第四十二条　检验机构应当对质量一致性审核情况作出详细记录，并编制质量一致性审核报告。

检验机构作出通过或者不通过审核的结论，应当在5个工作日内书面通知制造商。

第四十三条　目视助航及其相关设备的质量一致性审核有效期为2年；其他机场设备的质量一致性审核有效期为4年。检验机构可以在质量一致性有效期内进行抽查。

进行质量一致性审核时，检验机构应当查验制造、库存或者在用机场设备与检测样品的一致性，必要时应当进行随机抽样检测。

制造商向检验机构申请进行质量一致性复审的，应当在有效期届满前3个月内提出。

第四十四条　制造商未通过质量一致性审核的，检验机构应当撤回对其所有同类机场设备检验合格的结论，并及时报告中国民航局。

第四十五条 质量一致性发生重大变化时，制造商应当将有关变化情况报告检验机构，并重新申请进行检验。

检验机构应当重新对制造商进行质量一致性审核，必要时应当对机场设备样品的相关结构、部件或者系统进行检测。

第六章 进口机场设备

第四十六条 进口机场设备应当由中国民航局认定的检验机构按照本规定第五章的要求进行检验。

第四十七条 进口机场设备已经取得境外民航管理部门认证的，制造商或者其代理机构向检验机构递交申请材料时可以随附相关认证材料。检验机构认为认证材料足以证明机场设备合格适用的，可以直接给予检验合格的结论，并及时报告中国民航局。

第四十八条 检验机构与境外检验机构对进口机场设备样品的检测结果互认的，经评估后可以认同互认部分的检测结果，并及时报告中国民航局。

第四十九条 对于进口数量较少的机场设备，可以由中国民航局认定的检验机构在境内进行逐一检验。

第五十条 进口机场设备递交境内检验机构的申请材料应当采用中文。

第五十一条 进口机场设备的检验，应当遵守有关进口商品检验的法律、行政法规。

第七章 通　　告

第五十二条 机场设备样品检测合格、制造商通过质量一致性审核的，检验机构应当编制检验合格报告报送中国民航局。

检验合格报告应当包含下列内容：

（一）机场设备的名称、型号；

（二）制造商名称、地址、邮政编码、联系方式；

（三）检测报告、质量一致性审核报告；

（四）其他有关情况说明。

第五十三条 中国民航局收到检验机构有关机场设备的检验合格报告后，应当在 5 个工作日内以通告的形式对合格机场设备名称等信息予以公布。

第五十四条 制造商企业名称、法定代表人、地址、有关联系方式等变更的，应当在变更后 30 日内向原检验机构报告。机场设备停产的，制造商应当在停产后 30 日内向原检验机构报告。

检验机构收到制造商有关事项变更、停产的报告后，应当及时报告中国民航局。

第五十五条 中国民航局收到检验机构关于制造商有关事项变更、停产的报告后，应当在 5 个工作日内以通告的形式予以公布。

第五十六条 中国民航局收到检验机构撤回有关检验合格结论的报告后，对撤回的有关机场设备信息以通告的形式予以公布。

第八章 使用管理

第五十七条 机场管理机构应当对机场设备的使用和安全实施统一协调管理。

第五十八条 使用单位应当明确负责机场设备安全管理的机构或者人员。

第五十九条 使用单位应当使用经中国民航局认定的检验机构检验合格、已经由中国民航局通告公布的机场设备，禁止使用国家明令淘汰和已经报废的机场设备。

机场设备出现故障、发生异常情况，或者设备老化导致性能下降时，使用单位应当对其进行全面检查，消除事故隐患，方可继续使用。

第六十条 机场设备交付使用时，使用单位应当对其设备通告、检验合格报告，以及设备出厂随附的技术文件、产品质量合格证明、安装及使用维护保养说明等相关技术资料和文件进行验收，并作出记录。

第六十一条 使用单位应当根据机场设备随附的相关技术资料和文件编制相应的检查和维护规程，对机场设备进行检查和维护，并作出记录。

第六十二条 机场管理机构应当按照《运输机场运行安全管理规定》的要求，每年组织使用单位对航空器地面服务设备的状况进行一次评估。使用单位应当按照相关标准和技术规范的要求，对设备检查维护情况、设备性能、安全状况等内容进行全面评估。评估合格的，方可继续使用。

使用单位可以自行组织评估，也可以委托专业机构进行评估，评估报告应当报送机场管理机构。

对于航空器地面服务设备以外的其他机场设备，机场管理机构应当按照中国民航局有关规定进行日常维护。

第六十三条 使用单位应当建立机场设备安全技术档案。安全技术档案应当包括下列内容：

（一）机场设备出厂随附的技术文件、检验合格报告、产品质量合格证明、安装及使用维护保养说明等相关技术资料和文件；

（二）机场设备的维护保养记录；

（三）机场设备的日常使用状况及运行故障和事故记录；

（四）包括机场设备年度评估报告在内的机场设备检查记录。

第六十四条 机场管理机构应当组织相关机场设备使用单位通过民用机场专用设备信息管理系统对本机场及驻场单位的所有在用机场设备进行登记，并录入机场设备的安全技术档案信息。

机场设备登记或者安全技术档案信息发生变化时，使用单位应当在5个工作日内通过民用机场专用设备信息管理系统进行更新。

第六十五条　使用单位对设备主体结构、主要部件或者操作系统进行改造升级的，应当获得原制造商的认可或者经检验机构重新检验合格后方可继续使用。

当相关标准或者技术规范发生变更，中国民航局要求对在用机场设备限期整改时，使用单位应当按照要求进行整改。

第六十六条　使用中的机场设备发生下列情形之一的，使用单位应当及时报告机场管理机构和民航地区管理局：

（一）发现机场设备存在安全隐患或者设计缺陷的；

（二）机场设备在运行过程中出现严重故障、民用航空器地面征候、发生运行事故或者其他与民用航空器运行有关的不安全事件的。

第九章　监督管理

第六十七条　民航行政机关依照有关法律、行政法规和本规定，对机场设备制造商、经营单位、使用单位、检验机构和机场管理机构实施监督检查。

第六十八条　民航行政机关在依法履行监督检查职责时，有权采取《中华人民共和国特种设备安全法》第六十一条规定的监督检查措施。

民航行政机关对检查中发现的事故隐患，应当责令立即排除；重大事故隐患排除前或者排除过程中无法保证安全的，应当责令从危险区域内撤出作业人员，责令暂时停产停业或者停止使用相关设施、设备；重大事故隐患排除后，经审查同意，方可恢复生产经营和使用。

第六十九条　民航行政机关、检验机构及其工作人员不得生产、经营、推荐或者监制、监销机场设备，对履行职责过程中知悉的商业秘密负有保密义务。

第七十条 任何单位和个人均可以向民航行政机关举报涉及机场设备管理的违法行为,接到举报的部门应当及时处理。

第七十一条 发生民用航空器事故、征候以及其他有关的不安全事件或者其他运行事故,涉及机场设备设计、生产、经营、检验、使用等原因时,制造商、经营单位、检验机构和使用单位均应当积极配合有关调查工作。

第七十二条 民航行政机关应当将涉及检验机构、制造商、经营单位的行政处罚信息,在实施处罚后的 7 个工作日内录入民用机场专用设备信息管理系统予以公布。

第十章 法律责任

第七十三条 制造商或者经营单位违反本规定第八条,影响在用机场设备正常使用的,由民航行政机关责令限期改正,处 1 万元以下罚款;逾期未改正的,处 1 万元以上 3 万元以下罚款;情节严重的,处 3 万元以上 5 万元以下罚款。

第七十四条 制造商违反本规定第九条,生产、销售、交付国家明令淘汰的机场设备的,由民航行政机关责令停止生产、销售,没收违法生产、销售、交付的机场设备;产品尚未交付的,处 3 万元以上 10 万元以下罚款;产品已交付使用尚未造成危害后果的,处 10 万元以上 20 万元以下罚款;产品已交付使用且造成危害后果的,处 20 万元以上 30 万元以下罚款;有违法所得的,没收违法所得。

第七十五条 制造商违反本规定第十二条,明知机场设备存在危及安全的同一性缺陷,未立即停止生产并召回的,由民航行政机关责令限期改正;逾期未改正的,责令停止生产,处 5 万元以上 50 万元以下罚款。

进口设备的代理机构、销售单位违反本规定第十七条,明知机场设备存在危及安全的同一性缺陷,未进行召回的,由民航行政机关责令限期改正;逾期未改正的,视危害后果处 5 万元以上 20 万元以下罚款。

第七十六条 制造商违反本规定第十三条,机场设备出厂时未随附相关技术资料和文件的,由民航行政机关责令限期改正;逾期未改正的,责令停止制造、销售;尚未造成危害后果的,处 2 万元以上 10 万元以下罚款;已造成危害后果的,处 10 万元以上 20 万元以下罚款;有违法所得的,没收违法所得。

第七十七条 销售单位违反本规定第十五条,未建立机场设备检查验收和销售记录制度的,由民航行政机关责令限期改正,处 1 万元以上 3 万元以下罚款;逾期未改正的,处 3 万元以上 5 万元以下罚款;情节严重的,处 5 万元以上 10 万元以下罚款。

第七十八条 经营单位违反本规定第十六条,有下列行为之一的,由民航行政机关责令其停止经营,没收违法经营的机场设备;产品尚未交付的,处 3 万元以上 10 万元以下罚款;产品已交付使用尚未造成危害后果的,处 10 万元以上 20 万元以下罚款;产品已交付使用且造成危害后果的,处 20 万元以上 30 万元以下罚款;有违法所得的,没收违法所得:

(一)销售、出租未经检验或者检验不合格的机场设备的;

(二)销售、出租国家明令淘汰、已经报废的机场设备的;

(三)销售、出租未按照技术规范的要求进行维护保养的机场设备的。

机场设备制造商销售、交付未经检验或者检验不合格的机场设备的,依照前款规定处罚。

第七十九条 检验机构及其检验人员违反本规定第二十二条、第二十五条、第二十七条、第六十九条,有下列行为之一的,由中国民航局责令改正,对单位处 5 万元以上 20 万元以下罚款,对直接负责的主管人员和其他直接责任人员处 5000 元以上 5 万元以下罚款:

(一)未按照技术规范的要求进行检验的;

（二）出具虚假的检验结果或者检验结果严重失实的；

（三）泄露检验过程中知悉的商业秘密的；

（四）从事有关机场设备的生产、经营活动的；

（五）推荐或者监制、监销机场设备的；

（六）利用检验工作故意刁难相关单位的。

检验机构及其检验人员有前款规定的违法行为，情节严重的，由中国民航局撤销其从事机场设备合格检验的认定。

第八十条 制造商违反本规定第二十七条，经认定在设备检验过程中存在弄虚作假或者隐瞒真实情况等行为，未获得机场设备通告的，由民航行政机关处1万元以上2万元以下罚款；已获得机场设备通告的，由民航行政机关处2万元以上3万元以下罚款。

第八十一条 制造商违反本规定第三十一条，未按照有关要求对已获通告的机场设备重新申请检验的，由民航行政机关责令限期改正。

第八十二条 制造商违反本规定第四十五条，未将质量一致性重大变化情况主动报告检验机构并重新申请进行检验的，由民航行政机关责令限期改正。

第八十三条 使用单位违反本规定第五十九条，有下列行为之一的，由民航行政机关责令停止使用有关机场设备，尚未造成危害后果的，处3万元以上10万元以下罚款；已经造成危害后果的，处10万元以上20万元以下罚款；情节严重的，处20万元以上30万元以下罚款：

（一）使用未经中国民航局认定的检验机构检验合格并由中国民航局通告公布的机场设备的；

（二）使用国家明令淘汰、已经报废的机场设备的；

（三）机场设备出现故障或者发生异常情况，未对其进行全面检查、消除事故隐患，继续使用的。

第八十四条 使用单位违反本规定第六十条、第六十一条、第六十五条、第六十六条，有下列行为之一的，由民航行政机关责令限期改正，处1万元以上2万元以下罚款；逾期未改正的，处2万元以上3万元以下罚款：

（一）机场设备交付使用时，未对其设备通告、检验合格报告，以及设备出厂随附的技术文件、产品质量合格证明、安装及使用维护保养说明等相关技术资料和文件进行验收并作出记录的；

（二）未按照相关技术资料和文件编制相应的检查和维护规程的；

（三）对设备主体结构、主要部件或者操作系统进行改造升级，未获得原制造商的认可或者未经重新检验合格即继续使用的；

（四）当相关标准或者技术规范发生变更，中国民航局要求对在用机场设备限期整改时，未按照要求进行整改的；

（五）发现机场设备存在安全隐患或者设计缺陷未及时报告机场管理机构和民航地区管理局的；

（六）机场设备在运行过程中出现严重故障、民用航空器地面征候、发生运行事故或者其他与民用航空器运行有关的不安全事件，未及时报告机场管理机构和民航地区管理局的。

第八十五条 使用单位违反本规定第六十二条，未按照《运输机场运行安全管理规定》的要求对航空器地面服务设备运行情况进行年度评估的，依照《运输机场运行安全管理规定》的有关规定予以处罚。

第八十六条 使用单位违反本规定第六十一条、第六十三条，有下列行为之一的，由民航行政机关责令限期改正；逾期未改正的，责令停止使用有关机场设备，尚未造成危害后果的，处1万元以上5万元以下罚款；已造成危害后果的，处5万元以上10万元以下罚款：

（一）未按照有关要求对在用机场设备进行检查和维护，并作出记录的；

（二）未建立机场设备安全技术档案或者安全技术档案不符合要求的。

第八十七条 机场管理机构违反本规定第六十四条，未组织机场设备使用单位通过民用机场专用设备信息管理系统对本机场及驻场单位的所有在用机场设备进行登记并录入机场设备的安全技术档案信息的，由民航行政机关责令限期改正，处1万元以上2万元以下罚款；逾期未改正的，处2万元以上3万元以下罚款。

第八十八条 制造商、经营单位、检验机构或者使用单位违反本规定第六十七条，拒不接受民航行政机关依法实施的监督检查的，责令限期改正；逾期未改正的，责令停产停业整顿，处2万元以上10万元以下罚款；情节严重的，处10万元以上20万元以下罚款。

第八十九条 制造商、经营单位、检验机构或者使用单位拒绝配合民航行政机关有关调查工作，违反《中华人民共和国安全生产法》《生产安全事故报告和调查处理条例》等法律、行政法规规定的，依照有关法律、行政法规的规定予以处罚。

第九十条 制造商有本章第七十五条、第八十条、第八十一条、第八十二条规定的违法行为的，根据情节轻重及具体情况，由检验机构依法撤回有关机场设备检验合格结论，并由中国民航局对撤回的有关机场设备信息以通告的形式予以公布。

第九十一条 民航行政机关工作人员在实施机场设备安全监督管理中违反法律、行政法规和本规定的，由有关部门依法给予处分；构成犯罪的，依法追究刑事责任。

第十一章　附　　则

第九十二条 本规定中下列用语的含义是：

（一）机场设备检验机构，是指经中国民航局认定，按照相关标准和技术规范的要求，依法从事机场设备检验的法人或者法人授权组织。

（二）制造商，是指生产机场设备并以其名义颁发产品合格证的企业。

（三）经营单位，是指从事销售、出租机场设备活动的法人或者其他组织。

（四）使用单位，是指不以销售、出租为目的，依法享有机场设备所有权或者使用权的法人或者其他组织。

（五）制造商产品质量一致性保证条件，是指制造商保证生产出的机场设备与检测合格的机场设备样品质量一致所应具备的条件。

（六）补充检验，是指根据相关标准或者技术规范的修改情况或者制造商对机场设备的改造情况，对机场设备样品部分结构、部件或者系统进行的局部检测，以及必要时进行的质量一致性审核。

第九十三条 以共享资源模式在机场及相关区域内使用的机场设备，其维护保养、设备登记、安全技术档案管理、设备年度评估等职责，由设备经营单位负责，并承担相应法律责任。

第九十四条 本规定自 2024 年 11 月 1 日起施行。交通运输部于 2016 年 4 月 13 日以交通运输部令 2016 年第 39 号公布、2017 年 4 月 1 日以交通运输部令 2017 年第 12 号修改的《民用机场专用设备管理规定》同时废止。

航空体育运动管理办法

（2024 年 8 月 23 日国家体育总局令第 34 号公布
自 2024 年 10 月 1 日起施行　国司备字［2024011441］）

第一章　总　　则

第一条 为促进航空体育运动发展，规范航空体育运动管理，保障航空体育运动安全有序开展，根据《中华人民共和国体育法》《中华人民共和国安全生产法》《中华人民共和国民用航空法》及

《中华人民共和国飞行基本规则》《通用航空飞行管制条例》等有关法律法规，制定本办法。

第二条 航空体育运动工作坚持中国共产党的领导，坚持以人民为中心，弘扬社会主义核心价值观，贯彻落实全民健身国家战略，推进体育强国、健康中国建设。

第三条 航空体育运动是指使用民用航空器和航空体育运动器材在空间范围内进行体育活动的总称，主要包括开展航空体育运动的赛事活动及其有关训练、普及和教育等内容。

航空体育运动包括飞机、超轻型飞机、气球、跳伞、滑翔伞、动力伞、牵引伞、悬挂滑翔翼、航空模型、模拟飞行等项目。

第四条 本办法适用于在我国境内所有从事航空体育运动的单位和人员。

第五条 航空体育运动实行分级管理。

国家体育总局主管全国范围内的航空体育运动。地方各级人民政府体育行政部门管理本行政区域内的航空体育运动。

国家体育总局航空无线电模型运动管理中心根据国家的体育方针和政策，统一组织、指导全国航空体育运动的发展，推动项目普及和竞技水平提高。

中国航空运动协会、地方各级航空运动协会按照其章程，接受体育行政部门的指导和监管，健全内部治理机制，制定行业规则，加强行业自律。

第六条 开展航空体育运动应当遵守国家相关法律法规，不得损害国家、社会、集体利益以及公民、法人和其他组织的合法权益。

航空体育运动应当按照国家有关法律法规规定开展反兴奋剂宣传教育和规范管理工作，制定并落实反兴奋剂细则。

第七条 鼓励、支持、引导、规范社会力量开展航空体育运动。

第八条 各级体育行政部门对在航空体育运动工作中作出突出贡献的单位和人员，按照国家有关规定给予表彰和奖励。

第二章　从事航空体育运动的单位和人员

第九条　从事航空体育运动的单位和人员，应当接受体育行政部门的管理。

从事航空体育运动的单位和人员，还应根据开展的不同航空体育运动项目，分别接受民用航空主管部门有关通用航空的行业管理，接受空中交通管理、无线电管理等部门有关工作的业务管理。

第十条　从事航空体育运动的单位和有关人员应当按照《中华人民共和国民用航空法》通用航空相关规定向民用航空主管部门申请从业许可或备案。从事航空体育运动的单位同时应当将有关资料及批准文件(复印件)报当地县级体育行政部门备案，并逐级向省级体育行政部门备案。备案内容包括法人资质(营业执照、民办非企业单位登记证书)、民用航空器或航空体育运动器材资质、从业人员资质、场地设施情况、开展项目内容、空域批准文件(不需使用空域的除外)等；备案内容发生变更的，应当及时向备案部门报备。

第十一条　从事航空体育运动的单位应当严格遵守国家法律法规，执行民用航空主管部门、体育行政部门有关技术和安全标准，采取有效措施，避免破坏自然环境或对公众造成伤害。

第十二条　从事航空体育运动的人员，应当经过专业培训，具备相应的专业能力。

法律、行政法规对人员资质有要求的，从其规定。

第十三条　驾驶民用航空器参加航空体育运动的飞行人员，应当持有民用航空主管部门颁发或认可的有效民用航空器驾驶员执照，符合民航体检相关规定。

国家体育总局和中国航空运动协会应当按照科学、安全、有序的原则，制定航空体育运动教学、训练和培训大纲、考核标准，指导从事航空体育运动训练、培训的单位和人员开展训练、培训活动。对经过专业培训且考核合格的,发放相应证照。

使用航空体育运动器材升空参加航空体育运动的人员,应当取得二级甲等及以上医疗单位体检合格证明。

从事跳伞运动的人员,应当年满18周岁(专业运动员可以根据实际情况适当调整年龄);从事滑翔伞、动力伞、悬挂滑翔翼、动力悬挂滑翔机等运动的单人飞行人员,应当年满16周岁,载人飞行人员应当年满18周岁。

第十四条 从事航空体育运动的单位和人员开展飞行活动,应当按照规定向空中交通管理部门申请空域,获准后方可实施飞行。

第十五条 鼓励从事航空体育运动的单位和人员投保人身意外险、器材险。

从事属于高危险性体育赛事活动的航空体育运动的组织者应当投保体育意外伤害险。

第十六条 从事航空体育运动的单位发生航空体育运动安全事故,应当及时向事故发生地负有安全生产监督管理职责的部门及体育行政部门报告,内容包括事故发生的时间、地点、经过及原因,人员伤亡和器材损坏情况,已采取的措施及责任单位、任务性质、当事人姓名、民用航空器(或器材)型号等。

第十七条 航空体育运动安全事故的调查处理按照国家相关法律、行政法规以及民用航空主管部门有关规定执行,相关体育行政部门和航空运动协会应当积极配合并给予支持。

第三章 航空体育运动使用的民用航空器、器材和场地设施

第十八条 航空体育运动使用的民用航空器、器材和各类保障设备应当定期安排专人进行检查和维修,保证运行状况良好。

航空体育运动使用的民用航空器(含属于民用航空器的航空体育运动器材)应当严格按照《中华人民共和国民用航空法》《中华人民共和国民用航空器适航管理条例》《中华人民共和国民用航空器国籍登记条例》和民航相关规章进行适航和国籍登记管理。

航空体育赛事活动使用器材的相关标准由国家体育总局及中国航空运动协会制定并推广适用。

第十九条 航空体育运动使用的无线电频率及设置、无线电台(站),应当按照《中华人民共和国无线电管理条例》向无线电管理部门申请办理有关许可手续。

开展航空体育运动需要携带、寄递无线电发射设备入境的,应当按照《中华人民共和国无线电管理条例》办理有关通关手续。

第二十条 用于航空体育运动的体育场地设施的规划设计应当符合开展航空体育运动项目需求,并征求本级人民政府体育行政部门意见,涉及空域使用的还应当征求所在地空中交通管理部门意见。

第二十一条 从事航空体育运动的单位应当根据国家有关规定使用、保护和管理航空体育场地设施。任何单位或人员不得侵占或破坏航空体育场地设施。

鼓励各地建设航空飞行营地等航空体育场地设施。

第四章　航空体育赛事活动

第二十二条 航空体育赛事活动的安全管理实行“谁主办、谁负责”的原则,主办单位承担航空体育赛事活动安全主体责任。

第二十三条 举办需要审批的国际航空体育赛事活动,应当按照体育行政部门规定程序进行申办报批,未经批准,不得举办。

举办属于高危险性体育赛事活动的航空体育赛事活动,应当按照体育行政部门规定程序进行申办报批,未经批准,不得举办。

第二十四条 举办航空体育赛事活动,应当组建与活动规模相应的组织机构，配备专业的管理人员、技术人员，申请所需要的空域，配置符合相关标准和要求的场地设施和器材设备，制定实施方案、安全预案、“熔断”机制和应急预案，落实医疗、卫生、食品、交通、安全保卫、生态保护等相关措施，保障赛事活动安全。

综合性航空体育赛事活动主办单位或者承办单位负责编制赛事活动安全保障应急预案，明确相关组织指挥体系、安全风险及防范措施、信息报告、应急处置、人员疏散撤离组织和路线等内容，并按规定报体育行政部门备案，抄送相应应急管理部门。

第二十五条 县级以上地方人民政府体育行政部门应当加强对航空体育赛事活动的监管，指派专人对参加航空体育赛事活动的人员资质、器材、场地、安全、赛风赛纪及裁判员执裁等情况进行监督检查。

第二十六条 航空体育赛事活动应当遵循公平竞争的原则，参加赛事活动的飞行人员、运动员、教练员、裁判员和工作人员应当遵守国家有关规定，遵守体育道德，严禁弄虚作假、徇私舞弊，严禁使用兴奋剂。

第二十七条 国（境）外人员在我国境内参加航空体育运动的，邀请单位或主办单位应当依照国家有关外事规定办理申报手续，并向其讲解和说明我国有关飞行、无线电管理使用以及空中摄影等相关规定，并监督其执行。

国（境）外人员使用自带民用航空器飞入或者飞出我国领空或在我国境内飞行的，主办单位还应当按照《中华人民共和国民用航空法》等有关规定，向民用航空主管部门等有关部门办理申报手续，获准后方可飞行。

第五章 法律责任

第二十八条 从事航空体育运动的单位违反本办法第十条、第十一条规定的，由所在地体育行政部门责令改正。拒不改正的，根据情节轻重，给予警告、通报批评或十万元以下罚款等处罚。

第二十九条 从事航空体育运动的单位和人员违反本办法第九条、第十二条、第十三条、第十四条、第十六条规定的，由所在地体育行政部门责令改正。拒不改正的，根据情节轻重，给予警告、通报批评、罚款等处罚，构成犯罪的依法追究刑事责任。法律法规另有规定的，从其规定。

第三十条 航空体育赛事活动组织者，违反本办法第十五条、第二十三条、第二十四条、第二十六条、第二十七条规定的，由体育行政部门责令改正，根据情节轻重，给予警告、通报批评、罚款等处罚，并提请主管部门暂停或取消赛事活动。

第三十一条 发生航空体育运动安全事故的责任单位和人员，除由有关部门依规依纪依法进行处罚外，体育行政部门应当根据情节轻重，给予警告、通报批评、罚款等处罚，构成犯罪的依法追究刑事责任。

第六章　附　　则

第三十二条 本办法自 2024 年 10 月 1 日起施行，1991 年 8 月 10 日发布的《航空体育运动管理办法》(国家体委令第 15 号)同时废止。

附件：名词释义

航空体育运动器材，是指开展航空体育运动使用的降落伞、滑翔伞、动力伞、牵引伞、悬挂滑翔翼、动力悬挂滑翔机、航空航天模型(无人机)等，以及飞行模拟舱(器)、牵引绞盘设备收索机等相关配套设备。

航空体育运动单位，是指根据我国相关法律法规及本办法的规定，开展航空体育运动的企事业单位、社会组织等。

航空体育运动人员，是指从事航空体育的运动员、教练员、裁判员、社会体育指导员、飞行人员、维修人员及保障人员等。

航空体育赛事活动，是指使用民用航空器和航空体育运动器材组织的以航空体育竞赛、表演、展示等为主要形式的活动。

综合性航空体育赛事活动，是指由两个以上航空体育运动项目参与且预计参与人数达到1000人以上的赛事活动。

航空体育运动安全事故，是指开展航空体育运动时造成人员伤亡、器材损坏或直接经济损失的事件。

健身气功管理办法

（2024年8月23日国家体育总局令第35号公布
自2024年10月1日起施行　国司备字[2024011334]）

第一章　总　　则

第一条　为加强健身气功管理，促进健身气功健康发展，弘扬中华优秀传统文化，根据《中华人民共和国体育法》《全民健身条例》等法律法规，制定本办法。

第二条　健身气功工作坚持中国共产党的领导，坚持以人民为中心，弘扬社会主义核心价值观，贯彻落实全民健身国家战略，推进体育强国、健康中国建设。

第三条　在中华人民共和国境内开展健身气功相关活动，适用本办法。

第四条　本办法所称健身气功，是以增进身心健康为目的，以自身形体活动、呼吸吐纳、心理调节相结合为主要运动形式的民族传统体育项目，是中华优秀传统文化的组成部分。

第五条　国家体育总局主管全国健身气功工作，国家体育总局健身气功管理中心具体组织实施管理。

县级以上地方人民政府体育行政部门是本行政区域健身气功

的业务主管部门，负责当地健身气功的组织和管理。

中国健身气功协会、地方健身气功协会应当健全内部治理机制，制定健身气功行业规则，加强行业自律。

第六条 举办健身气功活动或设立健身气功站点，应当获得体育行政部门的批准。

第七条 各级人民政府体育行政部门对在健身气功工作中作出突出贡献的单位和个人按照国家有关规定给予表彰和奖励。

第八条 任何健身气功站点、健身气功功法名称均不得使用宗教用语，或以个人名字命名，或冠以“中国”“中华”“亚洲”“世界”“宇宙”以及类似词语。

第二章 健身气功功法

第九条 经国家体育总局审定批准的健身气功功法，统一定名为“健身气功·功法名称”。

第十条 申请审定的健身气功功法，应当符合下列条件：

（一）属于健身气功范畴；

（二）功法源流清晰，功理健康科学；

（三）有专门的科学研究支撑；

（四）经实践和科研检测，健身效果明显。

第十一条 申请审定健身气功功法，由具有法人资格的单位向当地省级人民政府体育行政部门提出，经省级人民政府体育行政部门组织专家学者进行初审并同意后，向国家体育总局提出申请。

第十二条 国家体育总局可根据群众健身需求，组织专家学者编创审定健身气功功法。

第十三条 申请审定健身气功功法，应当报送下列材料：

（一）申请书；

（二）所编创功法的科研课题报告；

（三）功理、功法的文字和声像材料；

（四）反映健身效果的科研数据；

（五）有关学科专家学者评定推荐书；

（六）省级人民政府体育行政部门意见。

第十四条 经审定批准的健身气功功法由国家体育总局发布。

第三章 健身气功组织

第十五条 健身气功组织包括健身气功协会和健身气功站点等。

符合《中国共产党章程》《中国共产党支部工作条例（试行）》等有关规定要求的健身气功组织，应当建立党的组织。

第十六条 中国健身气功协会是全国性体育社会团体，根据章程加入中华全国体育总会，代表中国参加国际健身气功联合会。

中国健身气功协会负责健身气功的推广与普及，开展科学研究，制定技术规范、竞赛规则、团体标准等，规范健身气功赛事活动。

第十七条 县级以上地方人民政府体育行政部门应当会同有关部门，支持地方健身气功协会依法成立并规范开展活动。健身气功协会应当接受体育行政部门的指导和监管，依照法律法规和章程开展健身气功活动。

第十八条 健身气功站点是练功群众设立、有健身气功社会体育指导员或教练员进行指导、定时定点开展科学练功活动的自治性健身气功组织。

第四章 监督管理

第十九条 举办线上或线下健身气功比赛、业务培训、交流展示、功法讲座等活动，按照权限实行属地管理。

第二十条 举办全国性、跨省（区、市）的健身气功活动，应当经国家体育总局批准;省(区、市)内举办的健身气功活动,应当经属地人民政府体育行政部门批准;跨地区的健身气功活动,应当经所跨地区共同的上一级人民政府体育行政部门批准。

参加人数在一千人以上的健身气功活动,除报体育行政部门审核批准外,还应当按照《大型群众性活动安全管理条例》的规定经公安机关许可。

第二十一条 申请举办健身气功活动,应当具备下列条件:

(一)由具有合法身份的公民、法人或其他组织提出书面申请;

(二)所涉及的功法,必须是国家体育总局审定批准的健身气功功法;

(三)有与所开展活动相适应的场所;

(四)有必要的资金使用方案和符合标准的场地、设施、器材;

(五)有健身气功社会体育指导员或教练员、管理人员;

(六)有相应的安全措施、卫生条件和应急预案;

(七)法律法规规定的其他条件。

第二十二条 申请举办健身气功活动,应当提前四十五日报送下列材料:

(一)申请书;

(二)活动方案,包括组织者的名称、地址,功法名称,活动时间、地点和人数,资金使用方案,安全应急预案,相关人员资质信息等;

(三)组织者合法的身份证明;

(四)活动场地管理者同意使用的证明。

第二十三条 开展涉外健身气功活动,按照国家有关外事规定和《体育赛事活动管理办法》办理相关手续。

第二十四条 涉及香港特别行政区、澳门特别行政区和台湾地区参加的健身气功活动,在遵守国家有关法律及其他相关规定的前提下,参照第二十三条执行。

第二十五条 设立健身气功站点,由县级人民政府体育行政部门审批。

第二十六条 申请设立健身气功站点，应当具备下列条件：

（一）安全、小型、分散、就地、就近、自愿；

（二）布局合理，方便群众，便于管理；

（三）不妨碍社会治安、交通和生产、生活秩序；

（四）习练的功法为国家体育总局审定批准的健身气功功法；

（五）负责人具有合法身份；

（六）有健身气功社会体育指导员或教练员；

（七）活动场所、时间相对固定。

第二十七条 申请设立健身气功站点，应当报送下列材料：

（一）健身气功站点申请登记表；

（二）负责人的合法身份证明；

（三）健身气功社会体育指导员或教练员资格证明；

（四）活动场所管理者同意使用的证明。

第二十八条 体育行政部门收到举办健身气功活动或设立健身气功站点的申请后，应当于十五个工作日内做出批准或不批准的决定，并书面通知申请人。

批准设立健身气功站点的体育行政部门应当向获得批准的站点颁发统一格式的证书，并组织年检。

第二十九条 从事健身气功活动，不得进行愚昧迷信或神化个人的宣传，不得夹杂非健身气功内容，不得扰乱社会秩序、损害他人身体健康，不得借机非法敛财，不得出售“信息物”，不得举办“带功报告”“会功”“弘法”“贯顶”及其他类似活动。

健身气功类出版物须由具备养生保健类出版资质的出版机构出版，不得销售、散发未由合法出版机构出版的图书、报刊、音像制品和电子出版物。

第五章 保障条件

第三十条 各级人民政府体育行政部门应当支持、促进健身气功活动开展，为健身气功的推广提供必要的条件，提高健身气功公共服务水平。

第三十一条 鼓励和支持体育场馆为健身气功活动提供场地设施保障。

第三十二条 鼓励健身气功组织为学校、工会、共产主义青年团、妇女联合会、残疾人联合会等企事业单位和社会组织开展健身气功活动提供指导和帮助。

第三十三条 县级以上地方人民政府体育行政部门应当鼓励和引导健身气功站点依托全民健身中心、体育健身俱乐部、体育公园、文体综合体、社区服务中心、健康养生基地等设立。

第三十四条 鼓励依法成立健身气功培训机构，加强规范管理，促进与健康、养老、文化、旅游等多业态融合，推动健身气功高质量发展。

第三十五条 各级体育行政部门应当支持和规范健身气功产业发展，鼓励社会力量投入，开发具有中华优秀传统文化底蕴的健身气功产品，提供健身气功服务。

第三十六条 鼓励有条件的高等院校及体育科研机构开展健身气功相关研究，培养支撑健身气功事业发展的人才队伍。

第六章 法律责任

第三十七条 违反本办法规定的行为，有关法律、法规已有处罚规定的，从其规定。

第三十八条 违反本办法第八条和第二十九条规定的，由地方人民政府体育行政部门或其委托的综合行政执法部门责令整改，情节严重的，处以一千元至五千元罚款；违反治安管理规定的，依照《中华人民共和国治安管理处罚法》予以处罚；构成犯罪的，依法追究刑事责任。

第三十九条 健身气功活动组织者违反本办法第二十条、二十三条、二十四条规定，由具有审批权限的体育行政部门或其委托的综合行政执法部门按照下列规定予以处理：

（一）未按规定履行审批手续的，予以整改、取消活动或三万元以下罚款；

（二）履行审批手续但未按活动方案执行的，予以警告、通报或一万元以下罚款。

第四十条 违反本办法设立健身气功站点的，由具有审批权限的体育行政部门或其委托的综合行政执法部门按照下列规定予以处理：

（一）未按规定履行审批手续的，予以撤销；

（二）未参加年检或年检不合格的，责令整改，情节严重的，对站点负责人处以一千元至五千元罚款；

（三）开展的功法非国家体育总局审定批准的，责令整改，情节严重的，对站点负责人处以一千元至五千元罚款。

第四十一条 违反本办法规定，体育行政部门及其工作人员不履行相应管理职责，造成不良影响的，对负有责任的领导人员和直接责任人员，依法给予处分；构成犯罪的，依法追究刑事责任。

第七章 附 则

第四十二条 本办法自 2024 年 10 月 1 日起施行。国家体育总局 2006 年 11 月 17 日公布的第 9 号令《健身气功管理办法》同时废止。

电子政务电子认证服务管理办法

（2024年9月4日国家密码管理局令第4号公布
自2024年11月1日起施行　国司备字［2024011444］）

第一章　总　　则

第一条　为了规范电子政务电子认证服务行为，对电子政务电子认证服务机构实施监督管理，保障电子政务安全可靠，维护有关各方合法权益，根据《中华人民共和国密码法》、《中华人民共和国电子签名法》和《商用密码管理条例》等有关法律法规，制定本办法。

第二条　在中华人民共和国境内设立电子政务电子认证服务机构、提供电子政务电子认证服务及其监督管理，适用本办法。

第三条　本办法所称电子政务电子认证服务，是指采用商用密码技术为政务活动提供电子签名认证服务，保证电子签名的真实性和可靠性的活动。

第四条　从事电子政务电子认证服务的机构，应当经国家密码管理局认定，依法取得电子政务电子认证服务机构资质。

第五条　国家密码管理局对全国电子政务电子认证服务活动实施监督管理。

县级以上地方各级密码管理部门对本行政区域的电子政务电子认证服务活动实施监督管理。

第二章　资质认定

第六条　取得电子政务电子认证服务机构资质，应当符合下列条件：

（一）具有企业法人或者事业单位法人资格；

（二）具有与从事电子政务电子认证服务活动及其使用密码相适应的资金；

（三）具有与从事电子政务电子认证服务活动及其使用密码相适应的运营场所；

（四）具有在境内设置、符合国家有关密码标准的电子认证服务系统等设备设施；

（五）具有30名以上与从事电子政务电子认证服务活动及其使用密码相适应的专业技术人员、运营管理人员、安全管理人员和客户服务人员等专业人员；

（六）具有为政务活动提供长期电子政务电子认证服务的能力，包括持续保持财务状况良好、运营资金充足、设备设施稳定运行、专业人员队伍稳定，没有重大违法记录或者不良信用记录等；

（七）具有保证电子政务电子认证服务活动及其使用密码安全运行的管理体系。

第七条 申请电子政务电子认证服务机构资质，应当向国家密码管理局提出书面申请，向国家密码管理局委托进行受理的省、自治区、直辖市密码管理部门提交下列材料：

（一）电子政务电子认证服务机构资质申请表；

（二）法人资格证书；

（三）资金情况，包括注册资本、资本结构、股权结构、运营资金保障等情况；

（四）运营场所情况；

（五）电子认证服务系统相关技术材料及相关设备清单，包括电子认证服务系统建设工作报告、技术工作报告、安全性设计报告、安全管理策略和规范、标准符合性自评估报告，相关软件、硬件清单及其符合国家有关安全标准的情况等；

（六）专业人员情况；

（七）为用户提供长期服务和质量保障能力说明及承诺；

（八）电子政务电子认证服务及其使用密码安全管理体系建立情况，包括业务运营管理、电子认证服务系统运行管理、人员管理、档案管理、安全保密管理等管理体系建立情况。

第八条 受国家密码管理局委托进行受理的省、自治区、直辖市密码管理部门自收到申请材料之日起5个工作日内，对申请材料进行形式审查，根据下列情况分别作出处理：申请材料齐全、符合规定形式的，应当受理行政许可申请并出具受理通知书；申请材料不齐全或者不符合规定形式的，应当当场或者在5个工作日内一次告知需要补正的全部内容；不予受理的，应当出具不予受理通知书并说明理由。

第九条 国家密码管理局应当自行政许可申请受理之日起20个工作日内，对行政许可申请进行审查，并依法作出是否许可的决定。准予许可的，颁发《电子政务电子认证服务机构资质证书》，并予以公开；不予许可的，应当出具不予行政许可决定书，说明理由并告知申请人相关权利。

需要对申请人进行技术评审的，技术评审所需时间不计算在本条规定的期限内。国家密码管理局应当将所需时间书面告知申请人。

第十条 国家密码管理局根据技术评审需要和专业要求，可以委托专业机构或者组织专家实施技术评审。

技术评审包括电子认证服务系统安全性审查，运营场所、设备设施、管理体系建设实地查勘，专业人员能力考核等。

专业机构和专家应当独立、公正、科学、诚信地开展技术评审活动，对技术评审结论的真实性、符合性负责，并承担相应法律责任。国家密码管理局应当对技术评审活动进行监督，建立责任追究机制。

第十一条 外商投资电子政务电子认证服务，影响或者可能影响国家安全的，应当依法进行外商投资安全审查。

第十二条 《电子政务电子认证服务机构资质证书》有效期5

年，内容包括：获证机构名称、证书编号、有效期限、发证机关和发证日期等。

《电子政务电子认证服务机构资质证书》由正本和副本组成，正本、副本具有同等法律效力。

禁止转让、出租、出借、伪造、变造、冒用、租借《电子政务电子认证服务机构资质证书》。

第十三条 电子政务电子认证服务机构应当在其网站和运营场所公布并及时更新其《电子政务电子认证服务机构资质证书》的机构名称、证书编号、有效期限、发证机关和发证日期等内容。

第十四条 有下列情形之一的，电子政务电子认证服务机构应当自变更之日起30日内向国家密码管理局办理变更手续：

（一）机构名称、住所、法定代表人发生变更；

（二）机构注册资本、资本结构、股权结构、法人性质或者单位隶属关系发生变更；

（三）电子认证服务系统等设备设施发生变化，影响或者可能影响电子政务电子认证服务使用密码安全；

（四）新建、搬迁电子认证服务系统；

（五）依法需要办理变更的其他事项。

电子政务电子认证服务机构发生变更的事项影响其符合资质认定条件和要求的，国家密码管理局根据申请人的实际情况，采取书面或者现场形式开展审查。需要进行技术评审的，依照本办法第十条规定对其开展技术评审。

第十五条 电子政务电子认证服务机构资质有效期届满需要延续的，应当在有效期届满60日前向国家密码管理局提出书面申请。国家密码管理局根据申请人的实际情况，采取书面或者现场形式进行审查，并在电子政务电子认证服务机构资质有效期届满前作出是否准予延续的决定。

第三章 行为规范

第十六条 电子政务电子认证服务机构应当按照国家密码管理局公布的电子政务电子认证业务规则规范等要求，制定本机构的电子政务电子认证业务规则和相应的电子签名认证证书策略，在提供电子政务电子认证服务前予以公布，并向住所地省、自治区、直辖市密码管理部门备案。

电子政务电子认证业务规则和电子签名认证证书策略发生变更的，电子政务电子认证服务机构应当予以公布，并自公布之日起30日内向住所地省、自治区、直辖市密码管理部门备案。

电子政务电子认证服务机构应当保持本机构已公布的电子政务电子认证业务规则和电子签名认证证书策略的可访问性。

第十七条 电子政务电子认证服务机构应当按照本机构公布的电子政务电子认证业务规则提供电子政务电子认证服务。

第十八条 电子政务电子认证服务机构应当保证提供下列服务：

（一）电子签名认证证书注册、签发、更新、撤销等生命周期管理服务；

（二）电子签名认证证书信息查询服务；

（三）电子签名认证证书状态查询服务；

（四）电子签名认证证书使用支持服务；

（五）其他与电子签名认证相关的服务。

第十九条 电子政务电子认证服务机构签发的电子签名认证证书应当载明下列内容：

（一）电子政务电子认证服务机构名称；

（二）电子签名认证证书持有人名称；

（三）电子签名认证证书序列号；

（四）电子签名认证证书有效期；

（五）电子签名认证证书对应的证书策略对象标识符；

（六）电子签名制作数据对应的电子签名验证数据；

（七）电子政务电子认证服务机构的电子签名；

（八）国家密码管理局规定的其他内容。

第二十条 电子政务电子认证服务机构应当保证电子签名认证证书内容在有效期内完整、准确，并保证电子签名依赖方能够证实或者了解电子签名认证证书所载内容及其他有关事项。

第二十一条 电子签名人向电子政务电子认证服务机构申请电子签名认证证书，应当提供真实、完整和准确的信息。

电子政务电子认证服务机构受理电子签名认证证书申请时，应当对申请人的身份进行查验，对有关申请材料进行审查，并向申请人告知电子签名认证证书和电子签名的使用条件、电子签名所产生的法律责任、保存和使用电子签名认证证书持有人信息的权限和责任、电子政务电子认证服务机构和电子签名认证证书持有人的责任范围等事项。

电子政务电子认证服务机构受理电子签名认证证书申请后，应当与申请人签订电子政务电子认证服务协议，明确双方的权利义务。

第二十二条 电子政务电子认证服务机构应当遵守国家有关密码管理要求，保障电子政务电子认证服务使用密码安全。

电子政务电子认证服务机构提供的电子政务电子认证服务应当纳入统一的电子认证信任体系，遵守电子认证服务互信互认要求。

第二十三条 电子政务电子认证服务机构应当建立完善的保密制度，对其在工作中知悉的国家秘密、商业秘密和个人隐私承担保密义务，采取相应的技术措施和其他必要措施保护有关信息和数据安全。

第二十四条 电子政务电子认证服务机构应当完整记录和保存与电子签名认证相关的信息，保证认证过程和结果具有可追溯性,信息保存期限至少为电子签名认证证书失效后 5 年。

第二十五条 电子政务电子认证服务机构委托其他机构开展电子签名认证证书注册业务的,应当自委托协议签订之日起 30 日内将受委托开展电子签名认证证书注册业务的机构(以下简称受委托机构)名称、负责人,电子签名认证证书注册业务办理地址,委托事项等情况向受委托机构住所地省、自治区、直辖市密码管理部门备案。备案内容发生变更的,电子政务电子认证服务机构应当自变更之日起 30 日内向受委托机构住所地省、自治区、直辖市密码管理部门备案。

电子政务电子认证服务机构应当对受委托机构开展电子签名认证证书注册业务的行为进行监督,并对该行为的后果承担法律责任。

受委托机构在委托范围内,以委托其开展电子签名认证证书注册业务的电子政务电子认证服务机构名义开展电子签名认证证书注册业务,不得再委托其他机构或者个人开展电子签名认证证书注册业务。

第二十六条 电子政务电子认证服务机构应当自行或者委托专业机构每年至少进行一次电子政务电子认证服务合规性评估,对评估中发现的问题及时进行整改,并向住所地省、自治区、直辖市密码管理部门报送合规性评估报告。

第二十七条 电子政务电子认证服务机构应当建立和完善投诉处理机制,公布投诉方式,畅通投诉渠道,及时受理并妥善处理有关投诉事项。

第二十八条 电子政务电子认证服务机构应当对本单位及受委托机构的从业人员进行岗位培训,建立培训制度,制定培训计划,加强考核并做好培训记录。

第二十九条 电子政务电子认证服务机构拟暂停或者终止电子政务电子认证服务的,应当在暂停或者终止服务 60 日前向国家密码管理局报告,并与其他电子政务电子认证服务机构就业务承接进行协商,作出妥善安排。

电子政务电子认证服务机构未能就业务承接事项与其他电子政务电子认证服务机构达成协议的,应当申请国家密码管理局安排其他电子政务电子认证服务机构承接其业务。

电子政务电子认证服务机构被依法吊销电子政务电子认证服务机构资质的,其业务承接事项的处理按照国家密码管理局的规定执行。

电子政务电子认证服务机构有根据国家密码管理局的安排承接其他机构开展的电子政务电子认证服务业务的义务。

第四章　监督管理

第三十条　密码管理部门依法对电子政务电子认证服务活动进行监督检查。监督检查可以采取书面检查、实地核查、网络监测等方式。

第三十一条　密码管理部门依法实施监督检查时,可以进入电子政务电子认证服务活动场所实施现场检查,调查、了解有关情况,查阅、复制有关资料,并可以委托专业机构或者组织专家开展有关检测鉴定工作。

电子政务电子认证服务机构及受委托机构应当予以配合,并如实提供相关材料和技术支持。

第三十二条　密码管理部门开展监督检查,不得妨碍电子政务电子认证服务机构及受委托机构的正常经营和服务活动,不得收取任何费用,不得泄露或者非法向他人提供在履行职责中知悉的商业秘密和个人隐私。

第三十三条　电子政务电子认证服务机构有下列情形之一的,密码管理部门应当进行重点监督检查:

(一)一年内在监督检查中发现存在严重问题;

(二)因违反有关法律法规受到行政处罚;

（三）其他需要进行重点监督检查的情形。

第三十四条 电子政务电子认证服务机构应当保证其基本条件和能力能够持续符合资质认定条件和要求。

第三十五条 电子政务电子认证服务机构应当于每年1月15日前向住所地省、自治区、直辖市密码管理部门报送上一年度工作报告，包括：

（一）持续符合资质认定条件和要求的情况；

（二）电子政务电子认证服务业务开展情况及相关统计数据；

（三）行为规范执行情况；

（四）电子认证服务系统安全运行情况；

（五）电子政务电子认证服务及其使用密码安全管理体系执行情况。

第三十六条 有下列情形之一的，电子政务电子认证服务机构应当自发生之日起15日内向住所地省、自治区、直辖市密码管理部门报告：

（一）重大安全风险和安全事件；

（二）重要系统、关键设备事故；

（三）关键岗位人员变动；

（四）重大财产损失。

第五章 法律责任

第三十七条 未经认定从事电子政务电子认证服务的，由密码管理部门依据《中华人民共和国密码法》和《商用密码管理条例》有关规定进行处罚。

第三十八条 电子政务电子认证服务机构违反《中华人民共和国密码法》、《商用密码管理条例》和本办法有关规定，有下列情形之一的，由密码管理部门责令改正或者停止违法行为，给予警告，没收违法所得；违法所得30万元以上的，可以并处违法所得1

倍以上3倍以下罚款；没有违法所得或者违法所得不足30万元的，可以并处10万元以上30万元以下罚款；情节严重的，责令停业整顿，直至吊销电子政务电子认证服务机构资质：

（一）超出批准范围开展电子政务电子认证服务；

（二）转让、出租、出借、伪造、变造、冒用、租借《电子政务电子认证服务机构资质证书》；

（三）未按照本机构公布的电子政务电子认证业务规则提供电子政务电子认证服务；

（四）电子签名认证证书内容不符合规定要求；

（五）电子签名认证证书申请受理未查验申请人身份、未审查有关申请材料、未向申请人告知有关事项，或者未与申请人签订电子政务电子认证服务协议；

（六）泄露或者非法向他人提供在履行职责中知悉的商业秘密、个人隐私；

（七）未按照要求完整记录、保存与电子签名认证相关的信息；

（八）未履行监督义务，受委托机构以自身名义开展电子签名认证证书注册业务，或者再委托其他机构、个人开展电子签名认证证书注册业务；

（九）拒不报送或者不如实报送年度工作报告、重大事项报告等实施情况。

第三十九条 电子政务电子认证服务机构违反本办法有关规定，有下列情形之一的，由密码管理部门责令改正；逾期未改正或者改正后仍不符合要求的，处1万元以上10万元以下罚款：

（一）未按照本办法第十四条规定办理变更手续；

（二）未按照本办法第十六条、第二十五条规定进行备案；

（三）未按照要求进行电子政务电子认证服务合规性评估，或者未对评估中发现的问题及时进行整改；

（四）未建立投诉处理机制、公布投诉方式，或者未及时受理、妥善处理有关投诉事项；

（五）未对本单位及受委托机构的从业人员进行岗位培训；

（六）未按照要求报告暂停或者终止电子政务电子认证服务的情况；

（七）未按照要求承接电子政务电子认证服务业务。

第四十条 电子签名人或者电子签名依赖方因依据电子政务电子认证服务机构提供的电子签名认证服务在政务活动中遭受损失，电子政务电子认证服务机构不能证明自己无过错的，承担赔偿责任。

第四十一条 从事电子政务电子认证服务监督管理工作的人员滥用职权、玩忽职守、徇私舞弊，或者泄露、非法向他人提供在履行职责中知悉的商业秘密、个人隐私、举报人信息的，依法给予处分。

第六章 附 则

第四十二条 本办法自2024年11月1日起施行。

慈善组织认定办法

（2024年9月5日民政部令第73号公布 自公布之日起施行 国司备字[2024011426]）

第一条 为了规范慈善组织认定工作，根据《中华人民共和国慈善法》（以下简称慈善法）的规定，制定本办法。

第二条 已经设立的基金会、社会团体、社会服务机构等非营利性组织，申请认定为慈善组织，适用本办法。

第三条 县级以上人民政府民政部门对其登记的基金会、社会团体、社会服务机构进行慈善组织认定。

第四条 基金会、社会团体、社会服务机构申请认定为慈善组织，应当符合下列条件：

（一）申请时具备相应的社会组织法人登记条件；

（二）以开展慈善活动为宗旨，业务范围符合慈善法第三条的规定；申请时的上一年度慈善活动的年度支出和管理费用符合国务院民政部门关于慈善组织的规定；

（三）不以营利为目的，收益和营运结余全部用于章程规定的慈善目的；财产及其孳息没有在发起人、捐赠人或者本组织成员中分配；章程符合慈善法第十一条的规定，且有关于剩余财产转给宗旨相同或者相近的其他慈善组织的规定；

（四）有健全的财务制度和合理的薪酬制度；

（五）法律、行政法规规定的其他条件。

第五条 有下列情形之一的，不予认定为慈善组织：

（一）有法律法规和国家政策规定的不得担任慈善组织负责人的情形的；

（二）申请前二年内受过行政处罚的；

（三）申请时被民政部门列入社会组织活动异常名录或者严重违法失信名单的；

（四）有其他违反法律、法规、国家政策行为的。

第六条 申请认定为慈善组织，社会团体应当经会员（代表）大会表决通过，基金会、社会服务机构应当经理事会表决通过；有业务主管单位的，还应当经业务主管单位同意。

第七条 申请认定慈善组织的基金会，应当向办理其登记的民政部门提交下列材料：

（一）申请书；

（二）符合本办法第四条规定以及不存在第五条所列情形的书面承诺；

（三）按照本办法第六条规定召开会议形成的会议纪要。

申请认定为慈善组织的社会团体、社会服务机构，除前款规定的材料外，还应当向办理其登记的民政部门提交下列材料：

（一）关于申请理由、慈善宗旨、开展慈善活动等情况的说明；

（二）注册会计师出具的上一年度财务审计报告，含慈善活动年度支出和管理费用的专项审计。

申请认定慈善组织的基金会、社会团体、社会服务机构有业务主管单位的，还应当提交业务主管单位同意的书面材料。

第八条 民政部门自收到全部有效材料后，应当依法进行审核。

情况复杂的，民政部门可以征求有关部门意见或者通过论证会、听证会等形式听取意见，也可以根据需要对该组织进行实地考察。

第九条 民政部门应当自受理申请之日起二十日内作出决定。符合慈善组织认定条件的，予以认定并向社会公告；不符合慈善组织认定条件的，不予认定并书面说明理由。

第十条 认定为慈善组织的基金会、社会团体、社会服务机构，由办理其登记的民政部门换发登记证书，标明慈善组织属性。

慈善组织符合税收法律法规规定条件的，依照税法规定享受税收优惠。

第十一条 本办法由民政部负责解释。

第十二条 本办法自 2024 年 9 月 5 日起施行。2016 年 8 月 31 日民政部发布的《慈善组织认定办法》同时废止。

慈善组织公开募捐管理办法

（2024 年 9 月 5 日民政部令第 74 号公布　自公布之日起施行　国司备字[2024011427]）

第一条 为了规范慈善组织开展公开募捐，根据《中华人民共和国慈善法》（以下简称慈善法），制定本办法。

第二条 慈善组织公开募捐资格和公开募捐活动管理，适用本办法。

第三条 依法取得公开募捐资格的慈善组织可以面向公众开展募捐。不具有公开募捐资格的组织和个人不得自行开展公开募捐。

第四条 县级以上人民政府民政部门依法对其登记或者认定的慈善组织公开募捐资格和公开募捐活动进行监督管理,并对本行政区域内涉及公开募捐的有关活动进行监督管理。

慈善组织有业务主管单位的,业务主管单位应当加强对其公开募捐活动的指导、监督。

第五条 依法登记满一年的慈善组织或者认定为慈善组织满一年的社会组织,可以向办理其登记的民政部门申请公开募捐资格。申请公开募捐资格,应当符合下列条件:

(一)根据法律法规和本组织章程建立规范的内部治理结构,理事会能够有效决策,负责人任职符合有关规定,理事会成员和负责人勤勉尽职,诚实守信;

(二)理事会成员来自同一组织以及相互间存在关联关系组织的不超过三分之一,相互间具有近亲属关系的没有同时在理事会任职;理事会成员中非内地居民不超过三分之一,法定代表人由内地居民担任;秘书长为专职,理事长(会长)、秘书长不得由同一人兼任;有与本慈善组织开展活动相适应的专职工作人员;

(三)监事能够依法履行监督职责;在省级以上人民政府民政部门登记或者认定的慈善组织有三名以上监事组成的监事会;

(四)有健全的财务管理制度、项目管理制度、采购管理制度、资产管理制度、人事管理制度、档案管理制度、会计监督制度、信息公开制度等内部管理和风险控制制度,且能够规范执行;

(五)能够充分、高效运用慈善财产,依法依章程开展慈善活动,上一年度慈善活动的年度支出和管理费用符合规定;

(六)依法办理税务登记,履行纳税义务;严格执行国家统一的会计制度,依法进行会计核算;按时报送年度工作报告,严格履行信息公开义务；

（七）按照规定参加社会组织评估，评估结果为3A及以上且在有效期以内，申请时登记成立不满二年的除外；

（八）申请时未纳入社会组织活动异常名录或者严重违法失信名单；

（九）申请公开募捐资格前一年，未因违反社会组织相关法律法规受到行政处罚，没有其他违反法律、法规、国家政策的行为。

第六条 慈善组织申请公开募捐资格，应当向办理其登记的民政部门提交下列材料：

（一）申请书，包括本组织符合第五条各项条件的具体说明和书面承诺；

（二）注册会计师出具的申请前一年的财务审计报告，包括慈善活动年度支出和管理费用的专项信息报告；

（三）理事会关于同意申请公开募捐资格的书面会议决议。

有业务主管单位的慈善组织，还应当提交报经业务主管单位同意的书面材料。

第七条 民政部门收到全部有效材料后，应当依法进行审核，并于二十日内作出决定。对符合条件的慈善组织，发给公开募捐资格证书；对不符合条件的，不发给公开募捐资格证书并书面说明理由。

情况复杂的，民政部门可以征求有关部门意见或者通过论证会、听证会等形式听取意见，也可以根据需要对该组织进行实地考察。征求意见和实地考察所需时间不计算在审核期限内。

第八条 慈善组织不得伪造、变造、出租、出借公开募捐资格证书。公开募捐资格证书丢失、严重损毁的，应当及时报告办理其登记的民政部门进行补办。公开募捐资格证书被盗用或者冒用的，慈善组织应当及时向社会公告，并向办理其登记的民政部门报告。慈善组织有业务主管单位的，应当同时向业务主管单位报告。

第九条 慈善法施行前登记设立的公募基金会，凭其标明慈善组织属性的登记证书向办理其登记的民政部门申领公开募捐资格证书。

有关法律、行政法规规定可以公开募捐的其他非营利性组织，凭法人登记证书向同级人民政府民政部门申领公开募捐资格证书。

第十条　开展公开募捐活动，应当依法制定募捐方案。

募捐方案包括募捐目的、起止时间和地域、活动负责人姓名和办公地址、接受捐赠方式、银行账户、预期募集款物数额、受益人、募得款物用途、募捐成本、剩余财产的处理等。合作开展公开募捐活动的，募捐方案应当载明合作方的相关信息。

募捐方案填报应当符合以下要求：

（一）募捐目的符合本组织章程载明的宗旨和业务范围，公开募捐活动的名称应当与支持的慈善项目相关；

（二）公开募捐活动持续时间一般不超过三年，为应对重大突发事件开展的公开募捐活动持续时间一般不超过一年；

（三）公开募捐活动的负责人是开展公开募捐活动的慈善组织的专职工作人员；

（四）使用具有公开募捐资格的慈善组织的银行账户，不得使用其他组织或者个人的银行账户；

（五）预期募集款物数额与本组织管理服务能力、善款管理水平、项目执行方的管理能力相适应；

（六）有明确的受益人范围、预期数量和确定方式，且受益人不得为特定个人；

（七）募得款物用途符合受益人的需要，并制定募得款物使用计划；

（八）募捐成本遵循最必要原则，厉行节约，减少不必要的开支，不得向受益人及其利害关系人等转嫁募捐成本；

（九）剩余财产应当全部用于本组织目的相同或者相近的其他慈善项目，并向社会公开。

第十一条 慈善组织应当在开展公开募捐活动十日前将符合本办法要求的募捐方案报送办理其登记的民政部门备案。

涉及合作募捐的,还应当提供对合作方的评估报告和合作协议。合作方为个人的,应当提供其居民身份证等有效身份证件复印件、无犯罪记录证明和个人信用报告。

材料齐备的,办理其登记的民政部门应当及时受理,十日内对予以备案的向社会公开;对募捐方案内容不齐备的,应当及时告知慈善组织,慈善组织应当在五日内补齐或者撤回备案材料。

第十二条 慈善组织开展的每一项公开募捐活动应当单独备案,不得合并备案,不得用同一个募捐备案编号开展多项公开募捐活动。

公开募捐活动进行中,募捐方案的有关事项发生变化的,慈善组织应当在事项发生变化之日起十日内向办理其登记的民政部门补正并说明理由。

有业务主管单位的慈善组织,应当将募捐方案及补正事项报经业务主管单位同意。

开展公开募捐活动,涉及公共安全、公共秩序、消防等事项的,还应当按照其他有关规定履行批准程序。

第十三条 慈善组织为应对重大突发事件,无法在开展公开募捐活动前办理募捐方案备案的,应当在公开募捐活动开始后十日内补办备案手续。

为应对重大突发事件开展公开募捐的慈善组织,应当及时分配或者使用募得款物,在应急处置与救援阶段至少每五日公开一次募得款物的接收情况,及时公开分配、使用情况。

第十四条 慈善组织在办理其登记的民政部门管辖区域外,以慈善法第二十三条第一款第一项、第二项方式开展公开募捐活动的,除向办理其登记的民政部门备案外,还应当在开展公开募捐活动十日前,向其开展募捐活动所在地的县级以上人民政府民政部门备案,提交募捐方案、公开募捐资格证书复印件、确有必要在当地开展公开募捐活动的情况说明。

第十五条 慈善组织开展公开募捐活动应当按照本组织章程和内部管理制度履行必要的内部决策程序，并形成经法定代表人同意的决策文件；应当建立公开募捐信息档案，做好详细的款物签收或者服务记录台账，妥善保管相关凭证资料，方便有关部门和捐赠人查阅。

第十六条 慈善组织开展公开募捐活动，应当在募捐活动现场或者募捐活动载体的显著位置，公布本组织名称、公开募捐资格证书、募捐方案、联系方式、募捐信息查询方法等。

第十七条 慈善组织通过互联网开展公开募捐活动的，应当在国务院民政部门指定的互联网公开募捐服务平台进行，并可以同时在以本慈善组织名义开通的门户网站、官方微博、官方微信、移动客户端等网络平台发布公开募捐信息。

慈善组织发布的公开募捐活动名称等信息应当与备案的募捐方案载明的信息保持一致，不得随意变更。

第十八条 具有公开募捐资格的慈善组织与不具有公开募捐资格的组织或者个人合作开展公开募捐活动，应当基于慈善目的并承担相应法律责任。不具有公开募捐资格的合作方不得以任何形式自行开展公开募捐。

具有公开募捐资格的慈善组织应当对合作方进行评估，形成评估报告。评估报告内容应当包括合作方信用信息及社会评价情况，实现募捐目的的专业资质能力情况，与受益人是否存在利害关系等。

具有公开募捐资格的慈善组织应当与合作方依法签订书面协议。协议内容应当包括合作公开募捐活动名称、募捐目的、合作起止时间、公开募捐方式、募得款物管理使用计划、合作双方权利义务、违约责任及争议处理方式等。解除合作协议的，应当以书面方式确认。

具有公开募捐资格的慈善组织应当负责对合作募得的款物进

行管理和会计核算,将全部收支纳入其账户。

具有公开募捐资格的慈善组织应当对合作方的相关行为进行指导和监督,可以采取培训、督导、评估、审计等方式。

合作方应当配合具有公开募捐资格的慈善组织开展相关工作。

第十九条 具有公开募捐资格的慈善组织确定受益人时应当坚持公开、公平、公正的原则。受益人为自然人的,慈善组织在慈善活动中应当尊重其人格尊严,依法保护其有关信息,不得侵害其隐私。

慈善组织不得对受益人附加违反法律法规和违背社会公德的条件,不得指定或者变相指定捐赠人的利害关系人作为受益人。

第二十条 具有公开募捐资格的慈善组织应当依据法律法规、章程规定和募捐方案加强对募得款物的管理和使用。确需变更募捐方案规定的募得款物用途的,应当召开理事会进行审议,报办理其登记的民政部门备案,并向社会公开。慈善组织有业务主管单位的,还应当报经业务主管单位同意。

募得款物用于采购物资、服务或者发放物资的,应当按照公开、公平、公正的原则。涉及采购物资和服务的,有关物资和服务价格不得高于市场公允价值;涉及发放物资的,应当确保采购、配送、签收等环节合法、合规、安全、有效。

第二十一条 具有公开募捐资格的慈善组织应当对公开募捐活动募集和使用慈善财产情况、委托第三方执行慈善项目情况等进行公开。涉及合作募捐的,还应当公开合作方信息。

公开募捐周期超过六个月的,至少每三个月公开一次募捐情况,公开募捐活动结束后三个月内应当全面、详细公开募捐情况。

慈善项目实施周期超过六个月的,至少每三个月公开一次项目实施情况,项目结束后三个月内应当全面、详细公开项目实施情况和募得款物使用情况。

第二十二条 具有公开募捐资格的慈善组织不再符合本办法

第五条规定条件的，由办理其登记的民政部门纳入社会组织活动异常名录并向社会公告。

第二十三条 慈善组织被依法吊销公开募捐资格证书的，应当立即停止公开募捐活动，已通过公开募捐活动获得的募得款物应当继续按照备案的募捐方案执行，并将相关情况及时向社会公开。

出现前款规定情形的，办理其登记的民政部门应当在十日内向社会公告。

慈善组织被依法吊销公开募捐资格证书的，当年开展慈善活动的年度支出和管理费用按照具有公开募捐资格的慈善组织相关标准执行。

公开募捐资格证书被吊销的慈善组织，五年内不得再次申请。

第二十四条 慈善组织有下列情形之一的，办理其登记的民政部门可以予以警告、责令限期改正：

（一）伪造、变造、出租、出借公开募捐资格证书的；

（二）未按照募捐方案确定的时间，超出募捐方案确定的期限、地域范围、方式进行募捐的；

（三）开展公开募捐未在募捐活动现场或者募捐活动载体的显著位置公布募捐活动信息的；

（四）其他违反本办法情形的。

未按照本办法报备募捐方案的，按照慈善法第一百一十条进行处理。

第二十五条 公开募捐资格证书样式、公开募捐方案备案指引，由民政部统一制定。

第二十六条 有关法律、行政法规规定可以公开募捐的非营利性组织开展公开募捐活动适用本办法。

第二十七条 本办法由民政部负责解释。

第二十八条 本办法自 2024 年 9 月 5 日起施行。2016 年 8 月 31 日民政部发布的《慈善组织公开募捐管理办法》同时废止。

个人求助网络服务平台管理办法

（2024年9月5日民政部、国家互联网信息办公室、工业和信息化部、公安部、国家金融监督管理总局令第75号公布　自公布之日起施行　国司备字[2024011428]）

第一条　为加强个人求助网络服务平台管理，保护求助人、信息发布人、捐助人的合法权益，根据《中华人民共和国慈善法》等法律法规，制定本办法。

第二条　中华人民共和国境内的个人求助网络服务平台，适用本办法。

本办法所指的个人求助网络服务平台，是指专门为因疾病等原因导致家庭经济困难的个人，提供求助信息发布和捐助资金归集、管理、拨付等服务的网络平台。

第三条　个人求助网络服务平台，应当经国务院民政部门指定。

个人求助网络服务平台应当遵循合法、诚信、自愿、公平、公开的原则，为求助人、信息发布人、捐助人提供服务。

个人求助网络服务平台不得对求助人、信息发布人、捐助人附加违反法律法规和违背社会公德的条件，不得危害国家安全、损害社会公共利益和他人合法权益。

未经指定，任何组织或者个人不得以个人求助网络服务平台的名义开展活动，不得从事求助信息发布和捐助资金归集、管理、拨付等个人求助网络服务。

第四条　申请指定为个人求助网络服务平台的，应当符合下列条件：

（一）有符合本办法规定的运营主体；

（二）已经办理公安机关联网备案手续，并依法开展具有舆论属性或者社会动员能力的安全评估；

（三）网络安全保护等级不低于三级，并取得公安机关出具的信息系统安全管理保护备案证明；

（四）只从事个人求助网络服务，有功能完备的业务系统，具备线上线下服务能力，具备查验通过其发布的求助信息真实性的能力；

（五）已经制定健全的服务协议、求助信息发布规则、个人信息处理规则等平台规则文件；

（六）法律法规规定的其他条件。

前款第一项中的运营主体，应当符合下列条件：

（一）具有独立法人资格，实际经营或者开展活动二年以上，申请时已有与运营个人求助网络服务平台相适应的实缴注册资本、注册资金、活动资金、开办资金；其中，运营主体为公司的，申请时已经实缴的注册资本不低于 2000 万元；

（二）与银行签订捐助资金存管协议；

（三）履行非经营性互联网信息服务备案，取得互联网信息服务（ICP）备案编号；涉及经营电信业务的，还应当取得电信主管部门核发的、在有效期内的《中华人民共和国增值电信业务经营许可证》；

（四）保证个人求助网络服务平台的相对独立性，规范关联业务，建立风险隔离机制；

（五）内部治理结构健全，运作规范；

（六）无严重违法失信记录，未受到限制开展生产经营活动、责令停产停业、责令关闭、限制从业的行政处罚。

第五条　申请指定为个人求助网络服务平台的，应当提交下列材料：

（一）个人求助网络服务平台申请表；

（二）本办法第四条规定条件的证明材料和对材料真实性的声明；

（三）法律法规和国务院民政部门要求提供的其他材料。

第六条 国务院民政部门根据工作安排，发布遴选个人求助网络服务平台的公告。

国务院民政部门组建评审委员会，确定拟指定的个人求助网络服务平台名单，并向社会公示。公示期满后，国务院民政部门确定并向社会公布指定的个人求助网络服务平台名单。

国务院民政部门应当自受理申请之日起三十日内公布名单，公示所需时间不计算在三十日内。

第七条 除本办法施行前已经从事个人求助网络服务的平台外，未经国务院民政部门指定，任何平台的运营主体不得开设个人求助的捐助资金专用存款账户。

本办法施行前已经从事个人求助网络服务的平台，经国务院民政部门指定的，其运营主体应当在国务院民政部门指定的个人求助网络服务平台名单公布后五日内，向国务院民政部门书面报告捐助资金专用存款账户开设信息。

国务院民政部门指定的个人求助网络服务平台名单公布后，尚未开设捐助资金专用存款账户的个人求助网络服务平台的运营主体，应当在三十日内开设捐助资金专用存款账户，并在开设后五日内向国务院民政部门书面报告账户开设信息。

国务院民政部门指定的个人求助网络服务平台名单公布后，个人求助网络服务平台应当在六十日内提供服务。

第八条 个人求助网络服务平台应当弘扬社会主义核心价值观，遵循公序良俗，树立良好社会形象，履行信息内容管理主体责任，加强网络信息内容生态治理，防范和抵制制作、复制、发布、传播不良信息，不得制作、复制、发布、传播法律法规和国家有关规定禁止的信息。

第九条 个人求助网络服务平台应当建立健全信息安全管理制度，完善用户注册、账号管理、信息发布审核、信息实时巡查等制度，及时发现、处置违法和不良信息。

个人求助网络服务平台应当按照《中华人民共和国个人信息

保护法》等法律法规规定,加强个人信息保护,规范个人信息处理。发生或者可能发生个人信息泄露、篡改、丢失的,应当立即采取补救措施,并按规定通知履行个人信息保护职责的部门和个人。

个人求助网络服务平台对求助信息的保存时间自求助完成之日起不少于三年。法律法规另有规定的,依照其规定。

第十条 个人求助网络服务平台应当在显著位置公布平台规则文件。对平台规则进行重大调整的,应当在调整前向国务院民政部门报告。

个人求助网络服务平台应当在求助人、信息发布人、捐助人同意平台规则以及捐助资金使用、退回等约定后,向其提供服务。

个人求助网络服务平台应当明确告知求助人、信息发布人对求助信息的真实性负责,明确告知求助人、信息发布人不得通过虚构、隐瞒事实等方式骗取救助。

第十一条 个人求助网络服务平台应当要求求助人、信息发布人提交下列求助信息和相关材料:

(一)求助人、信息发布人的身份信息;

(二)求助人因疾病等原因导致家庭经济困难的情况;

(三)求助目标金额及用途;

(四)求助信息真实性声明;

(五)其他需要说明的情况。

个人求助网络服务平台应当建立审核团队,对求助信息的真实性进行查验。

第十二条 个人求助网络服务平台查验求助信息的真实性后,应当及时向社会公开求助人与求助相关的必要身份信息、因疾病等原因导致家庭经济困难的情况、求助目标金额及用途等信息,开通筹资渠道。

第十三条 个人求助网络服务平台归集的捐助资金应当由专用存款账户管理、专项使用。专用存款账户出现变更、注销、撤销等情况的,个人求助网络服务平台的运营主体应当及时向国务院民政部门报告。

除个人求助网络服务平台收取服务费用、捐助资金无法原路退回等情形外，专用存款账户归集的捐助资金只能向求助人本人或者其提供的医院等账户转账。

第十四条 个人求助网络服务平台应当承担捐助资金拨付审核责任，建立审核机制，加强对捐助资金拨付的审核，并及时向求助人拨付捐助资金。

个人求助网络服务平台应当监督求助人按照求助用途使用捐助资金，要求求助人、信息发布人及时更新捐助资金使用情况。

个人求助网络服务平台应当在求助人筹集的捐助资金达到目标金额或者求助目的已经实现、消失时，及时关闭筹资渠道。

第十五条 个人求助网络服务平台应当要求相关责任人退回求助人因求助目的实现、消失而尚未支出的捐助资金，并退还捐助人。

个人求助网络服务平台发现求助人、信息发布人通过虚构、隐瞒事实等方式骗取救助或者挪用捐助资金的，应当及时终止服务，要求相关责任人退回已经拨付的捐助资金并退还捐助人。

个人求助网络服务平台应当采取有效措施，防止以帮助求助人、推广求助信息等名义索取捐助资金抽成、套取捐助资金等行为。

个人求助网络服务平台发现求助人、信息发布人涉嫌诈骗等犯罪行为的，应当及时向公安机关反映。

第十六条 个人求助网络服务平台应当及时、全面向社会公开每个求助人相关的资金筹集、拨付、使用、退回等信息。

第十七条 个人求助网络服务平台提供个人求助网络服务，可以收取合理的费用。

个人求助网络服务平台收取费用的，应当根据保本或者微利的原则，合理确定收费项目、项目内容、收费标准、收费方式，并向社会公开。

个人求助网络服务平台应当明确告知用户并经其同意后方可收费，不得采用用户默认同意的方式收费，不得变相收费，不得搭售其他服务、捆绑收费。

第十八条 个人求助网络服务平台应当按照约定，将专用存款账户中捐助资金产生的孳息以及因特殊原因不能拨付求助人和退还捐助人的捐助资金，捐赠给慈善组织并向社会公开相关情况。

第十九条 个人求助网络服务平台与金融机构合作应当严格遵守金融管理部门相关规定，不得从事非法金融活动。

第二十条 个人求助网络服务平台及其工作人员不得有下列行为：

（一）欺骗求助人、信息发布人、捐助人；

（二）利用职务或者职业便利以及其他不正当手段强迫、引诱或者限制求助人、信息发布人发布求助信息；

（三）伪造、捏造或者擅自变更个人求助信息；

（四）索取、收受求助人、信息发布人给予的服务协议约定外的酬金、其他财物，或者谋取其他非法利益；

（五）挪用、截留或者侵占捐助资金；

（六）泄露或者不当使用求助人、信息发布人、捐助人未公布的个人信息，谋取不正当利益；

（七）法律法规禁止的其他行为。

第二十一条 个人求助网络服务平台应当公布投诉、举报方式，在服务页面设置便捷的投诉、举报入口。

个人求助网络服务平台接到投诉、举报后，应当及时处理。

第二十二条 个人求助网络服务平台、求助人、信息发布人、捐助人之间的纠纷，可以通过下列途径解决：

（一）自行和解；

（二）向仲裁机构申请仲裁；

（三）向人民法院提起诉讼。

第二十三条 个人求助网络服务平台应当于每年 6 月 30 日前向国务院民政部门报送上一年度工作报告和财务会计报告。

个人求助网络服务平台应当每半年向社会公开一次其从事个

人求助网络服务的情况。

第二十四条 国务院民政部门会同国家网信、国务院电信主管、国务院公安、国务院金融监管等部门，协同加强对个人求助网络服务平台的监督管理。

国务院民政部门加强对个人求助网络服务平台捐助资金归集、管理、拨付等的监督管理。

第二十五条 国务院民政、国家网信、国务院电信主管、国务院公安、国务院金融监管等部门，对涉嫌违反本办法规定的个人求助网络服务平台及其运营主体，有权按照法定职责采取下列措施：

（一）对个人求助网络服务平台及其运营主体进行现场检查；

（二）要求个人求助网络服务平台的运营主体作出说明，查阅、复制有关资料；

（三）向与个人求助网络服务平台业务活动有关的单位和个人调查与监督管理有关的情况；

（四）法律法规规定的其他措施。

个人求助网络服务平台及其运营主体涉嫌违反本办法规定的，国务院民政、国家网信、国务院电信主管、国务院公安、国务院金融监管等部门，可以对有关负责人进行约谈，要求其说明情况、提出改进措施。

第二十六条 个人求助网络服务平台应当遵守行业规范，加强行业自律，提高行业公信力。

第二十七条 个人求助网络服务平台及其运营主体违反本办法规定的，由国务院民政、国家网信、国务院电信主管、国务院公安、国务院金融监管等部门按照法定职责责令限期改正，予以警告或者通报批评。

个人求助网络服务平台及其运营主体违反本办法规定的，由网信等有关主管部门依据职责，按照有关法律、行政法规等规定进行处置处罚；由电信主管部门依法采取关闭网站、移动互联网应用程序等措施。

个人求助网络服务平台的工作人员违反本办法第二十条规定,构成违反治安管理行为的,由公安机关依法给予治安管理处罚;构成犯罪的,依法追究刑事责任。

第二十八条 国务院民政等部门发现个人求助网络服务平台涉嫌非法集资的,应当将有关情况通报处置非法集资牵头部门。

第二十九条 个人求助网络服务平台有下列情形之一的,由国务院民政部门取消指定,并向社会公告:

(一)指定后六十日内未提供个人求助网络服务的;

(二)连续三个月不提供个人求助网络服务的;

(三)违反本办法规定,国务院民政、国家网信、国务院电信主管、国务院公安、国务院金融监管等部门责令限期改正,逾期未改正的;

(四)其他部门向国务院民政部门通报存在违法行为或者突出安全风险,不再符合本办法规定的指定条件的;

(五)向国务院民政部门申请终止个人求助网络服务,并经国务院民政部门同意的。

第三十条 被取消指定的个人求助网络服务平台,应当在国务院民政部门发布取消指定公告的当日,在平台显著位置告知社会公众,不得继续从事个人求助网络服务。

被取消指定的个人求助网络服务平台,应当在六十日内完成尚未拨付的捐助资金的拨付,督促相关责任人退回求助人因求助目的实现、消失而尚未支出的捐助资金并退还捐助人;应当依法处理个人信息。

第三十一条 未经指定的互联网信息服务提供者擅自以个人求助网络服务平台的名义开展活动或者从事个人求助网络服务的,由县级以上人民政府民政部门责令限期改正;逾期不改正的,由县级以上人民政府民政部门会同网信、电信主管部门依法进行处理。

第三十二条 本办法自2024年9月5日起施行。

外商投资准入特别管理措施（负面清单）（2024年版）

（2024年9月6日国家发展和改革委员会令第23号公布　自2024年11月1日起施行　国司备字[2024011420]）

说　明

一、《外商投资准入特别管理措施（负面清单）》（以下简称《外商投资准入负面清单》）统一列出股权要求、高管要求等外商投资准入方面的特别管理措施。《外商投资准入负面清单》之外的领域，按照内外资一致原则实施管理。境内外投资者统一适用《市场准入负面清单》的有关规定。

二、境外投资者不得作为个体工商户、个人独资企业投资人、农民专业合作社成员，从事投资经营活动。

三、外商投资企业在中国境内投资，应符合《外商投资准入负面清单》的有关规定。

四、有关主管部门在依法履行职责过程中，对境外投资者拟投资《外商投资准入负面清单》内领域，但不符合《外商投资准入负面清单》规定的，不予办理许可、企业登记注册等相关事项；涉及固定资产投资项目核准的，不予办理相关核准事项。投资有股权要求的领域，不得设立外商投资合伙企业。

五、经国务院有关主管部门审核并报国务院批准，特定外商投资可以不适用《外商投资准入负面清单》中相关领域的规定。

六、从事《外商投资准入负面清单》禁止投资领域业务的境内企业到境外发行股份并上市交易的，应当经国家有关主管部门审核同意，境外投资者不得参与企业经营管理，其持股比例参照境外投资者境内证券投资管理有关规定执行。

七、境内公司、企业或自然人以其在境外合法设立或控制的公司并购与其有关联关系的境内公司，按照外商投资、境外投资、外汇管理等有关规定办理。

八、《外商投资准入负面清单》中未列出的文化、金融等领域与行政审批、资质条件、国家安全等相关措施，按照现行规定执行。

九、《内地与香港关于建立更紧密经贸关系的安排》及其后续协议、《内地与澳门关于建立更紧密经贸关系的安排》及其后续协议、《海峡两岸经济合作框架协议》及其后续协议、我国缔结或者参加的国际条约、协定对境外投资者准入待遇有更优惠规定的，可以按照相关规定执行。在自由贸易试验区等特殊经济区域对符合条件的投资者实施更优惠开放措施的，按照相关规定执行。

十、《外商投资准入负面清单》由国家发展改革委、商务部会同有关部门负责解释。

十一、2021 年 12 月 27 日国家发展改革委、商务部发布的 2021 年版《外商投资准入负面清单》自 2024 年 11 月 1 日起废止。

外商投资准入特别管理措施（负面清单）（2024 年版）

序号	特别管理措施
一、农、林、牧、渔业	
1	小麦新品种选育和种子生产的中方股比不低于 34%、玉米新品种选育和种子生产须由中方控股。
2	禁止投资中国稀有和特有的珍贵优良品种的研发、养殖、种植以及相关繁殖材料的生产（包括种植业、畜牧业、水产业的优良基因）。
3	禁止投资农作物、种畜禽、水产苗种转基因品种选育及其转基因种子（苗）生产。
4	禁止投资中国管辖海域及内陆水域水产品捕捞。
二、采矿业	
5	禁止投资稀土、放射性矿产、钨勘查、开采及选矿。

续表

序号	特别管理措施
三、电力、热力、燃气及水生产和供应业	
6	核电站的建设、经营须由中方控股。
四、批发和零售业	
7	禁止投资烟叶、卷烟、复烤烟叶及其他烟草制品的批发、零售。
五、交通运输、仓储和邮政业	
8	国内水上运输公司须由中方控股。
9	公共航空运输公司须由中方控股,且一家外商及其关联企业投资比例不得超过25%,法定代表人须由中国籍公民担任。通用航空公司的法定代表人须由中国籍公民担任,其中农、林、渔业通用航空公司限于合资,其他通用航空公司限于中方控股。
10	民用机场的建设、经营须由中方相对控股。外方不得参与建设、运营机场塔台。
11	禁止投资邮政公司、信件的国内快递业务。
六、信息传输、软件和信息技术服务业	
12	电信公司:限于中国入世承诺开放的电信业务,增值电信业务的外资股比不超过50%(电子商务、国内多方通信、存储转发类、呼叫中心除外),基础电信业务须由中方控股。
13	禁止投资互联网新闻信息服务、网络出版服务、网络视听节目服务、互联网文化经营(音乐除外)、互联网公众发布信息服务(上述服务中,中国入世承诺中已开放的内容除外)。
七、租赁和商务服务业	
14	禁止投资中国法律事务(提供有关中国法律环境影响的信息除外),不得成为国内律师事务所合伙人。
15	市场调查限于合资,其中广播电视收听、收视调查须由中方控股。
16	禁止投资社会调查。
八、科学研究和技术服务业	
17	禁止投资人体干细胞、基因诊断与治疗技术开发和应用。
18	禁止投资人文社会科学研究机构。

续表

序号	特别管理措施
19	禁止投资大地测量、海洋测绘、测绘航空摄影、地面移动测量、行政区域界线测绘，地形图、世界政区地图、全国政区地图、省级及以下政区地图、全国性教学地图、地方性教学地图、真三维地图和导航电子地图编制，区域性的地质填图、矿产地质、地球物理、地球化学、水文地质、环境地质、地质灾害、遥感地质等调查（矿业权人在其矿业权范围内开展工作不受此特别管理措施限制）。
九、教育	
20	学前、普通高中和高等教育机构限于中外合作办学，须由中方主导（校长或者主要行政负责人应当具有中国国籍，理事会、董事会或者联合管理委员会的中方组成人员不得少于1/2）。
21	禁止投资义务教育机构、宗教教育机构。
十、卫生和社会工作	
22	医疗机构限于合资。
十一、文化、体育和娱乐业	
23	禁止投资新闻机构（包括但不限于通讯社）。
24	禁止投资图书、报纸、期刊、音像制品和电子出版物的编辑、出版、制作业务。
25	禁止投资各级广播电台（站）、电视台（站）、广播电视频道（率）、广播电视传输覆盖网（发射台、转播台、广播电视卫星、卫星上行站、卫星收转站、微波站、监测台及有线广播电视传输覆盖网等），禁止从事广播电视视频点播业务和卫星电视广播地面接收设施安装服务。
26	禁止投资广播电视节目制作经营（含引进业务）公司。
27	禁止投资电影制作公司、发行公司、院线公司以及电影引进业务。
28	禁止投资文物拍卖的拍卖公司、文物商店和国有文物博物馆。
29	禁止投资文艺表演团体。

法定计量检定机构监督管理办法

（2024 年 9 月 12 日国家市场监督管理总局令第 92 号公布　自 2025 年 1 月 1 日起施行　国司备字[2024011429]）

第一条　为了加强法定计量检定机构的监督管理，规范法定计量检定机构行为，保障国家计量单位制的统一和量值的准确可靠，根据《中华人民共和国计量法》和《中华人民共和国计量法实施细则》的有关规定，制定本办法。

第二条　法定计量检定机构的监督管理，适用本办法。

第三条　本办法所称法定计量检定机构，是指县级以上市场监督管理部门依法设置的计量检定机构，以及授权的专业性或者区域性计量检定机构。

第四条　国家市场监督管理总局对全国法定计量检定机构实施统一监督管理。

县级以上地方市场监督管理部门对本行政区域内的法定计量检定机构实施监督管理。

第五条　国家市场监督管理总局和省级市场监督管理部门应当按照合理布局、优化结构配置的原则，对法定计量检定机构的设置和授权进行统筹规划。

设区的市、县级市场监督管理部门应当根据规划要求，设置或者授权法定计量检定机构。因特殊情况确需突破规划要求的，应当报请省级市场监督管理部门批准。

第六条　申请作为法定计量检定机构应当具备以下条件：

（一）具有法人资格；不具有法人资格的，应当经其所属法人单位同意，并由法人单位依法承担相应法律责任；

（二）有与其申请开展的项目相适应的计量基准、计量标准；

（三）有与其开展相关计量活动相适应的场地、环境、设施、制度和人员；

（四）符合国家相关计量技术规范的要求。

第七条 法定计量检定机构应当履行下列职责：

（一）为实施计量监督管理提供技术支撑；

（二）研究、建立、保存和维护计量基准、社会公用计量标准或者相关专业项目的计量标准；

（三）开展量值传递，执行计量检定、型式评价、商品量计量检验等任务；

（四）组织或者参加计量比对；

（五）提供计量校准、测试服务；

（六）研究和起草计量技术规范；

（七）开展公益性计量科普和教育实践活动；

（八）国家规定的其他计量工作。

第八条 鼓励有条件的法定计量检定机构加强应用计量技术研究，研制标准物质，为企业技术研发和质量提升提供计量支持，加强民生计量、诚信计量体系建设，开展计量风险收集、评估、识别、预警。

第九条 法定计量检定机构应当遵守国家有关法律法规的规定，遵循客观独立、公平公正、诚实信用原则，承担社会责任，保证其出具的证书和报告真实、客观、准确、完整。

法定计量检定机构应当采取防伪措施，供有关部门、利益相关方和社会公众查验证书和报告的真伪。

第十条 执行计量检定任务的专业技术人员，应当具备相应级别的注册计量师职业资格并经过注册。

法律法规对计量专业技术人员另有规定的，从其规定。

第十一条 国家市场监督管理总局负责组织对其依法设置和省级市场监督管理部门依法设置的计量检定机构进行能力评价和确认，并公布相关确认结果。

设区的市、县级市场监督管理部门依法设置的计量检定机构，由其上一级市场监督管理部门进行能力评价和确认，并公布相关确认结果。

第十二条 县级以上市场监督管理部门依据《计量授权管理办法》和相关计量技术规范组织对申请授权的计量技术机构进行考核和授权。

第十三条 鼓励法定计量检定机构在其官方网站或者以其他方式对其遵守法定要求、独立公正开展量值传递和溯源工作、履行社会责任、严守诚实信用，以及收费标准等情况进行自我声明，并对声明内容的合法性、真实性、全面性、准确性负责。

法定计量检定机构的基本条件和技术能力应当持续符合能力确认或者授权的条件，确保资源投入，满足执行法制计量任务和相关计量技术规范要求，并向同级和给予能力确认或者授权的市场监督管理部门报告其履行职责情况以及统计数据等信息。

第十四条 法定计量检定机构应当对原始记录、证书或者报告等技术资料，根据其所涉事项的重要程度采取分级分类管理，进行归档留存，保存时间不少于六年。国家另有规定的，从其规定。

第十五条 法定计量检定机构及其人员不得有下列行为：

（一）擅自改造、拆迁、改变计量基准，或者故意损坏计量基准设备，致使计量基准量值失准、停用或者报废；

（二）擅自更换、封存、停用、注销、破坏计量标准；

（三）擅自出租、出借或者以其他方式转让计量标准；

（四）妨碍量值传递或者溯源；

（五）出具虚假、不实证书或者报告；

（六）执行计量检定、型式评价、商品量计量检验等任务的人员不符合本办法第十条规定；

（七）擅自超过能力确认或者授权的期限、范围、区域执行相关计量检定、型式评价、商品量计量检验任务。

第十六条 法定计量检定机构出具的证书或者报告有下列情形之一的，属于出具虚假、不实证书或者报告：

（一）未经计量检定、型式评价、商品量计量检验、校准和测试的；

（二）伪造、变造原始数据或者记录的；

（三）未按相关计量技术规范执行计量检定、型式评价、商品量计量检验等任务的；

（四）使用未经考核合格或者超过有效期的计量基准、计量标准出具证书或者报告的；

（五）伪造法定计量检定机构公章或者计量专用章，伪造计量检定人员、证书或者报告批准人的签名或者签发时间的。

第十七条 任何单位或者个人不得伪造、变造、冒用、租赁、出借、买卖或者以其他方式转让相关计量印章、证书、报告或者标志。

第十八条 法定计量检定机构及其人员应当对其在工作中所知悉的国家秘密、商业秘密和个人隐私予以保密。

第十九条 县级以上市场监督管理部门应当加强对本行政区域内的法定计量检定机构的监督检查。监督检查主要内容包括：

（一）本办法的执行情况；

（二）相关计量技术规范的执行情况；

（三）计量基准、社会公用计量标准、专业项目计量标准管理情况；

（四）执行国家计量收费有关规定的情况；

（五）职业规范和能力建设情况。

法定计量检定机构对市场监督管理部门依法实施的监督检查应当予以配合，不得拒绝、阻挠。

第二十条 县级以上市场监督管理部门应当根据工作需要采用组织计量比对、盲样试验等方式对本行政区域内的法定计量检定机构开展能力核查。

法定计量检定机构应当按照要求参加前款规定的计量比对等工作。

第二十一条 监督检查、能力核查结果不符合有关规定要求的，市场监督管理部门应当责令法定计量检定机构限期改正。

第二十二条 县级以上市场监督管理部门可以结合监督检查、能力核查、投诉举报情况等，对本行政区域内的法定计量检定机构进行分类监管。

第二十三条 法定计量检定机构有下列情形之一的，由县级以上市场监督管理部门责令限期改正，可以处十万元以下罚款：

（一）未依法取得县级以上市场监督管理部门能力确认或者授权，擅自开展计量检定、型式评价、商品量计量检验工作的；

（二）违反本办法第十三条第二款规定，基本条件和技术能力不能持续符合能力确认或者授权的条件、要求，擅自执行相关计量检定、型式评价、商品量计量检验任务的；

（三）违反本办法第十五条第七项规定，擅自超过能力确认或者授权的期限、范围、区域执行相关计量检定、型式评价、商品量计量检验任务的。

第二十四条 违反本办法第十五条第一项、第二项、第三项、第四项、第六项规定的，由县级以上市场监督管理部门责令限期改正，可以处十万元以下罚款。

第二十五条 违反本办法第十五条第五项规定的，由县级以上市场监督管理部门处十万元以下罚款。法律、法规另有规定的，从其规定。

第二十六条 违反本办法第十七条规定，伪造、变造、冒用、租赁、出借、买卖或者以其他方式转让相关计量印章、证书、报告或者标志的，由县级以上市场监督管理部门没收其非法印章、证书、报告或者标志和全部违法所得，可以处十万元以下罚款。法律、法规另有规定的，从其规定。

第二十七条 违反本办法规定，性质恶劣、情节严重、社会危害较大、受到较重行政处罚的，由县级以上市场监督管理部门按照《市场监督管理严重违法失信名单管理办法》的有关规定列入严重违法失信名单。

第二十八条 违反本办法规定,构成犯罪的,依法追究刑事责任。

市场监督管理部门在法定计量检定机构监督管理工作中发现的公职人员涉嫌违纪违法问题线索,应当及时移送有管辖权的纪检监察机关。

第二十九条 国家市场监督管理总局制定法定计量检定机构标志的式样,并予以公布。

第三十条 本办法自 2025 年 1 月 1 日起施行。2001 年 1 月 21 日原国家质量技术监督局令第 15 号公布的《法定计量检定机构监督管理办法》同时废止。

司法解释

最高人民法院关于适用《中华人民共和国民法典》侵权责任编的解释(一)

（2023年12月18日最高人民法院审判委员会第1909次会议通过　2024年9月25日最高人民法院公告公布　自2024年9月27日起施行　法释〔2024〕12号）

为正确审理侵权责任纠纷案件，根据《中华人民共和国民法典》、《中华人民共和国民事诉讼法》等法律规定，结合审判实践，制定本解释。

第一条　非法使被监护人脱离监护，监护人请求赔偿为恢复监护状态而支出的合理费用等财产损失的，人民法院应予支持。

第二条　非法使被监护人脱离监护，导致父母子女关系或者其他近亲属关系受到严重损害的，应当认定为民法典第一千一百八十三条第一款规定的严重精神损害。

第三条　非法使被监护人脱离监护，被监护人在脱离监护期间死亡，作为近亲属的监护人既请求赔偿人身损害，又请求赔偿监护关系受侵害产生的损失的，人民法院依法予以支持。

第四条　无民事行为能力人、限制民事行为能力人造成他人损害，被侵权人请求监护人承担侵权责任，或者合并请求监护人和受托履行监护职责的人承担侵权责任的，人民法院应当将无民事行为能力人、限制民事行为能力人列为共同被告。

第五条　无民事行为能力人、限制民事行为能力人造成他人损害,被侵权人请求监护人承担侵权人应承担的全部责任的,人民法院应予支持,并在判决中明确,赔偿费用可以先从被监护人财产中支付,不足部分由监护人支付。

监护人抗辩主张承担补充责任,或者被侵权人、监护人主张人民法院判令有财产的无民事行为能力人、限制民事行为能力人承担赔偿责任的,人民法院不予支持。

从被监护人财产中支付赔偿费用的,应当保留被监护人所必需的生活费和完成义务教育所必需的费用。

第六条 行为人在侵权行为发生时不满十八周岁,被诉时已满十八周岁的,被侵权人请求原监护人承担侵权人应承担的全部责任的,人民法院应予支持,并在判决中明确,赔偿费用可以先从被监护人财产中支付,不足部分由监护人支付。

前款规定情形,被侵权人仅起诉行为人的,人民法院应当向原告释明申请追加原监护人为共同被告。

第七条 未成年子女造成他人损害,被侵权人请求父母共同承担侵权责任的,人民法院依照民法典第二十七条第一款、第一千零六十八条以及第一千一百八十八条的规定予以支持。

第八条 夫妻离婚后,未成年子女造成他人损害,被侵权人请求离异夫妻共同承担侵权责任的,人民法院依照民法典第一千零六十八条、第一千零八十四条以及第一千一百八十八条的规定予以支持。一方以未与该子女共同生活为由主张不承担或者少承担责任的,人民法院不予支持。

离异夫妻之间的责任份额,可以由双方协议确定;协议不成的,人民法院可以根据双方履行监护职责的约定和实际履行情况等确定。实际承担责任超过自己责任份额的一方向另一方追偿的,人民法院应予支持。

第九条 未成年子女造成他人损害的,依照民法典第一千零七十二条第二款的规定,未与该子女形成抚养教育关系的继父或者继母不承担监护人的侵权责任,由该子女的生父母依照本解释

第八条的规定承担侵权责任。

第十条 无民事行为能力人、限制民事行为能力人造成他人损害，被侵权人合并请求监护人和受托履行监护职责的人承担侵权责任的，依照民法典第一千一百八十九条的规定，监护人承担侵权人应承担的全部责任；受托人在过错范围内与监护人共同承担责任，但责任主体实际支付的赔偿费用总和不应超出被侵权人应受偿的损失数额。

监护人承担责任后向受托人追偿的，人民法院可以参照民法典第九百二十九条的规定处理。

仅有一般过失的无偿受托人承担责任后向监护人追偿的，人民法院应予支持。

第十一条 教唆、帮助无民事行为能力人、限制民事行为能力人实施侵权行为，教唆人、帮助人以其不知道且不应当知道行为人为无民事行为能力人、限制民事行为能力人为由，主张不承担侵权责任或者与行为人的监护人承担连带责任的，人民法院不予支持。

第十二条 教唆、帮助无民事行为能力人、限制民事行为能力人实施侵权行为，被侵权人合并请求教唆人、帮助人以及监护人承担侵权责任的，依照民法典第一千一百六十九条第二款的规定，教唆人、帮助人承担侵权人应承担的全部责任；监护人在未尽到监护职责的范围内与教唆人、帮助人共同承担责任，但责任主体实际支付的赔偿费用总和不应超出被侵权人应受偿的损失数额。

监护人先行支付赔偿费用后，就超过自己相应责任的部分向教唆人、帮助人追偿的，人民法院应予支持。

第十三条 教唆、帮助无民事行为能力人、限制民事行为能力人实施侵权行为，被侵权人合并请求教唆人、帮助人与监护人以及受托履行监护职责的人承担侵权责任的，依照本解释第十条、第十二条的规定认定民事责任。

第十四条 无民事行为能力人或者限制民事行为能力人在幼儿园、学校或者其他教育机构学习、生活期间，受到教育机构以外的第三人人身损害,第三人、教育机构作为共同被告且依法应承担侵权责任的,人民法院应当在判决中明确,教育机构在人民法院就第三人的财产依法强制执行后仍不能履行的范围内,承担与其过错相应的补充责任。

被侵权人仅起诉教育机构的,人民法院应当向原告释明申请追加实施侵权行为的第三人为共同被告。

第三人不确定的,未尽到管理职责的教育机构先行承担与其过错相应的责任;教育机构承担责任后向已经确定的第三人追偿的,人民法院依照民法典第一千二百零一条的规定予以支持。

第十五条 与用人单位形成劳动关系的工作人员、执行用人单位工作任务的其他人员,因执行工作任务造成他人损害,被侵权人依照民法典第一千一百九十一条第一款的规定,请求用人单位承担侵权责任的,人民法院应予支持。

个体工商户的从业人员因执行工作任务造成他人损害的,适用民法典第一千一百九十一条第一款的规定认定民事责任。

第十六条 劳务派遣期间,被派遣的工作人员因执行工作任务造成他人损害,被侵权人合并请求劳务派遣单位与接受劳务派遣的用工单位承担侵权责任的,依照民法典第一千一百九十一条第二款的规定,接受劳务派遣的用工单位承担侵权人应承担的全部责任;劳务派遣单位在不当选派工作人员、未依法履行培训义务等过错范围内,与接受劳务派遣的用工单位共同承担责任,但责任主体实际支付的赔偿费用总和不应超出被侵权人应受偿的损失数额。

劳务派遣单位先行支付赔偿费用后,就超过自己相应责任的部分向接受劳务派遣的用工单位追偿的,人民法院应予支持,但双方另有约定的除外。

第十七条 工作人员在执行工作任务中实施的违法行为造成他人损害,构成自然人犯罪的,工作人员承担刑事责任不影响用人单位依法承担民事责任。依照民法典第一千一百九十一条规定用人单位应当承担侵权责任的,在刑事案件中已完成的追缴、退赔可以在民事判决书中明确并扣减，也可以在执行程序中予以扣减。

第十八条　承揽人在完成工作过程中造成第三人损害的，人民法院依照民法典第一千一百六十五条的规定认定承揽人的民事责任。

被侵权人合并请求定作人和承揽人承担侵权责任的，依照民法典第一千一百六十五条、第一千一百九十三条的规定，造成损害的承揽人承担侵权人应承担的全部责任；定作人在定作、指示或者选任过错范围内与承揽人共同承担责任，但责任主体实际支付的赔偿费用总和不应超出被侵权人应受偿的损失数额。

定作人先行支付赔偿费用后，就超过自己相应责任的部分向承揽人追偿的，人民法院应予支持，但双方另有约定的除外。

第十九条　因产品存在缺陷造成买受人财产损害，买受人请求产品的生产者或者销售者赔偿缺陷产品本身损害以及其他财产损害的，人民法院依照民法典第一千二百零二条、第一千二百零三条的规定予以支持。

第二十条　以买卖或者其他方式转让拼装或者已经达到报废标准的机动车，发生交通事故造成损害，转让人、受让人以其不知道且不应当知道该机动车系拼装或者已经达到报废标准为由，主张不承担侵权责任的，人民法院不予支持。

第二十一条　未依法投保强制保险的机动车发生交通事故造成损害，投保义务人和交通事故责任人不是同一人，被侵权人合并请求投保义务人和交通事故责任人承担侵权责任的，交通事故责任人承担侵权人应承担的全部责任；投保义务人在机动车强制保险责任限额范围内与交通事故责任人共同承担责任，但责任主体实际支付的赔偿费用总和不应超出被侵权人应受偿的损失数额。

投保义务人先行支付赔偿费用后，就超出机动车强制保险责任限额范围部分向交通事故责任人追偿的，人民法院应予支持。

第二十二条　机动车驾驶人离开本车后，因未采取制动措施等自身过错受到本车碰撞、碾压造成损害，机动车驾驶人请求承保本车机动车强制保险的保险人在强制保险责任限额范围内，以及承保本车机动车商业第三者责任保险的保险人按照保险合同的约定赔偿的，人民法院不予支持，但可以依据机动车车上人员责任保险的有关约定支持相应的赔偿请求。

第二十三条 禁止饲养的烈性犬等危险动物造成他人损害，动物饲养人或者管理人主张不承担责任或者减轻责任的，人民法院不予支持。

第二十四条 物业服务企业等建筑物管理人未采取必要的安全保障措施防止从建筑物中抛掷物品或者从建筑物上坠落的物品造成他人损害，具体侵权人、物业服务企业等建筑物管理人作为共同被告的，人民法院应当依照民法典第一千一百九十八条第二款、第一千二百五十四条的规定，在判决中明确，未采取必要安全保障措施的物业服务企业等建筑物管理人在人民法院就具体侵权人的财产依法强制执行后仍不能履行的范围内，承担与其过错相应的补充责任。

第二十五条 物业服务企业等建筑物管理人未采取必要的安全保障措施防止从建筑物中抛掷物品或者从建筑物上坠落的物品造成他人损害，经公安等机关调查，在民事案件一审法庭辩论终结前仍难以确定具体侵权人的，未采取必要安全保障措施的物业服务企业等建筑物管理人承担与其过错相应的责任。被侵权人其余部分的损害，由可能加害的建筑物使用人给予适当补偿。

具体侵权人确定后，已经承担责任的物业服务企业等建筑物管理人、可能加害的建筑物使用人向具体侵权人追偿的，人民法院依照民法典第一千一百九十八条第二款、第一千二百五十四条第一款的规定予以支持。

第二十六条 本解释自2024年9月27日起施行。

本解释施行后，人民法院尚未审结的一审、二审案件适用本解释。本解释施行前已经终审，当事人申请再审或者按照审判监督程序决定再审的，适用当时的法律、司法解释规定。

附：

2024年9月份报国务院备案并予以登记的地方性法规、自治条例、单行条例和地方政府规章目录

地方性法规

法规名称	公布日期	备案登记编号
天津市促进天开高教科创园发展条例	2024年7月30日	国司备字［2024011338］
天津市气候资源保护和开发利用条例	2024年7月30日	国司备字［2024011339］
天津市实施《中华人民共和国工会法》办法	2024年7月30日	国司备字［2024011340］
山西省各级人民代表大会常务委员会规范性文件备案审查条例	2024年7月26日	国司备字［2024011382］
山西省建筑市场管理条例	2024年7月26日	国司备字［2024011383］
山西省黄河流域生态保护和高质量发展条例	2024年7月26日	国司备字［2024011384］
山西省旅游发展促进条例	2024年7月26日	国司备字［2024011385］
太原市人民代表大会常务委员会关于修改《太原市立法条例》等四件地方性法规的决定	2024年8月9日	国司备字［2024011418］
忻州市电动车管理条例	2024年8月6日	国司备字［2024011386］
忻州市人民代表大会常务委员会关于修改《忻州市地方立法条例》的决定	2024年8月6日	国司备字［2024011387］

续表

法规名称	公布日期	备案登记编号
晋城市人民代表大会常务委员会关于修改《晋城市地方立法条例》的决定	2024年8月8日	国司备字［2024011388］
临汾市人民代表大会常务委员会关于修改《临汾市沁河流域生态修复与保护条例》决定	2024年8月1日	国司备字［2024011389］
运城市电梯安全管理条例	2024年8月10日	国司备字［2024011390］
长治市沁河流域生态修复与保护条例	2024年8月14日	国司备字［2024011391］
辽宁省人民代表大会常务委员会关于修改《辽宁省人民代表大会常务委员会议事规则》的决定	2024年5月30日	国司备字［2024011307］
辽宁省人民代表大会常务委员会关于促进东北三省一区旅游业协同发展的决定	2024年5月30日	国司备字［2024011314］
沈阳市人民代表大会常务委员会关于废止《沈阳市预算审批监督条例》的决定	2024年6月13日	国司备字［2024011308］
大连市人民代表大会常务委员会关于废止《大连市机动车驾驶培训管理条例》和《大连市无规定动物疫病区建设管理条例》两件地方性法规的决定	2024年6月11日	国司备字［2024011309］
鞍山市人民代表大会常务委员会关于废止《鞍山市市政工程设施管理条例》的决定	2024年6月18日	国司备字［2024011310］
鞍山市矿山扬尘污染防治规定	2024年6月27日	国司备字［2024011315］
抚顺市人大常委会关于废止《抚顺市森林资源流转条例》和《抚顺市水库工程管理条例》的决定	2024年6月6日	国司备字［2024011311］
铁岭市物业管理条例	2024年6月12日	国司备字［2024011312］
葫芦岛市机动车停车管理条例	2024年6月12日	国司备字［2024011313］

续表

法规名称	公布日期	备案登记编号
桓仁满族自治县革命遗址遗迹保护条例	2024 年 6 月 27 日	国司备字［2024011316］
清原满族自治县人民代表大会关于废止《清原满族自治县畜禽养殖污染防治管理条例》的决定	2024 年 6 月 26 日	国司备字［2024011317］
长春市客运出租汽车管理条例	2024 年 8 月 20 日	国司备字［2024011392］
江苏省发展规划条例	2024 年 7 月 31 日	国司备字［2024011323］
江苏省预防未成年人犯罪条例	2024 年 7 月 31 日	国司备字［2024011324］
南京市人民代表大会常务委员会关于修改《南京市住宅物业管理条例》的决定	2024 年 8 月 8 日	国司备字［2024011325］
无锡市消防条例	2024 年 8 月 9 日	国司备字［2024011326］
常州市人民代表大会常务委员会关于修改《常州市住宅物业管理条例》的决定	2024 年 8 月 9 日	国司备字［2024011327］
常州市人民代表大会常务委员会关于修改《常州市轨道交通条例》等四件地方性法规的决定	2024 年 8 月 9 日	国司备字［2024011328］
盐城市人民代表大会常务委员会关于修改《盐城市绿化条例》的决定	2024 年 8 月 12 日	国司备字［2024011329］
扬州市住宅小区电动自行车充电安全管理规定	2024 年 8 月 6 日	国司备字［2024011330］
镇江市河道管理条例	2024 年 8 月 7 日	国司备字［2024011331］
泰州市电梯安全管理条例	2024 年 8 月 7 日	国司备字［2024011332］
宿迁市人民代表大会常务委员会关于规范网约房向未成年人提供住宿服务的决定	2024 年 8 月 6 日	国司备字［2024011333］

续表

法规名称	公布日期	备案登记编号
浙江省农作物病虫害防治条例	2024 年 7 月 26 日	国司备字［2024011399］
浙江省人民代表大会常务委员会关于废止《浙江省招标投标条例》的决定	2024 年 7 月 26 日	国司备字［2024011400］
浙江天目山国家级自然保护区条例	2024 年 8 月 2 日	国司备字［2024011401］
衢州市南孔文化传承发展条例	2024 年 9 月 10 日	国司备字［2024011402］
丽水市人民代表大会常务委员会关于修改《丽水市物业管理条例》的决定	2024 年 8 月 7 日	国司备字［2024011403］
安徽省实施《中华人民共和国环境影响评价法》办法	2024 年 7 月 29 日	国司备字［2024011301］
安徽省人民代表大会常务委员会关于修改《安徽省人民代表大会及其常务委员会立法条例》的决定	2024 年 7 月 29 日	国司备字［2024011302］
合肥市噪声污染防治条例	2024 年 8 月 8 日	国司备字［2024011303］
池州市人民代表大会常务委员会关于修改《池州市河道采砂管理条例》的决定	2024 年 8 月 12 日	国司备字［2024011304］
芜湖市爱国卫生条例	2024 年 8 月 14 日	国司备字［2024011305］
铜陵市城市公共汽车客运管理规定	2024 年 8 月 7 日	国司备字［2024011306］
江西省反间谍工作条例	2024 年 5 月 30 日	国司备字［2024011421］
江西省献血条例	2024 年 7 月 25 日	国司备字［2024011422］
景德镇市城市山体保护条例	2024 年 8 月 5 日	国司备字［2024011380］
景德镇市市容和环境卫生管理条例	2024 年 8 月 5 日	国司备字［2024011381］

续表

法规名称	公布日期	备案登记编号
河南省档案条例	2024年8月5日	国司备字［2024011281］
河南省医学科学院发展促进条例	2024年8月3日	国司备字［2024011321］
郑州市双槐树遗址保护条例	2024年8月15日	国司备字［2024011282］
南阳市河湖保护管理条例	2024年9月3日	国司备字［2024011374］
焦作市城乡社区治理促进条例	2024年8月15日	国司备字［2024011283］
安阳市海绵城市建设管理条例	2024年8月16日	国司备字［2024011322］
鹤壁市城市生活垃圾分类管理条例	2024年9月3日	国司备字［2024011415］
驻马店市电梯安全管理条例	2024年8月21日	国司备字［2024011285］
濮阳市基层网格化服务管理条例	2024年8月22日	国司备字［2024011287］
三门峡市电梯安全管理条例	2024年8月19日	国司备字［2024011288］
周口市公园条例	2024年8月21日	国司备字［2024011289］
信阳市城市绿化条例	2024年8月22日	国司备字［2024011290］
武汉市托育服务促进条例	2024年8月16日	国司备字［2024011405］
怀化市人民代表大会常务委员会关于修改《怀化市城市公园条例》的决定	2024年8月29日	国司备字［2024011396］
怀化市平安建设源头治理若干规定	2024年8月29日	国司备字［2024011397］

续表

法规名称	公布日期	备案登记编号
湘潭市机动车停车管理若干规定	2024 年 8 月 30 日	国司备字［2024011398］
深圳市人民代表大会常务委员会关于延长《深圳市人民代表大会常务委员会关于暂时停止适用〈深圳经济特区城市管理综合执法条例〉〈深圳经济特区规划土地监察条例〉有关规定的决定》期限的决定	2024 年 8 月 30 日	国司备字［2024011414］
珠海经济特区固体废物污染环境防治条例	2024 年 8 月 31 日	国司备字［2024011406］
汕头经济特区潮汕传统民居保护条例	2024 年 9 月 13 日	国司备字［2024011442］
海南自由贸易港老城科技园区促进条例	2024 年 7 月 31 日	国司备字［2024011276］
海南经济特区排污许可管理条例	2024 年 7 月 31 日	国司备字［2024011277］
海南省人民代表大会常务委员会关于修改《海南省无规定动物疫病区管理条例》的决定	2024 年 7 月 31 日	国司备字［2024011278］
海口市人民代表大会常务委员会关于修改《海口市历史文化名城保护条例》的决定	2024 年 8 月 12 日	国司备字［2024011373］
儋州市矿山生态修复规定	2024 年 8 月 6 日	国司备字［2024011279］
重庆市土地管理条例	2024 年 7 月 31 日	国司备字［2024011292］
四川省川剧保护传承条例	2024 年 7 月 29 日	国司备字［2024011348］
四川省各级人民代表大会常务委员会规范性文件备案审查条例	2024 年 7 月 29 日	国司备字［2024011349］
四川省未成年人保护条例	2024 年 7 月 29 日	国司备字［2024011350］

续表

法规名称	公布日期	备案登记编号
四川省消防条例	2024 年 7 月 29 日	国司备字［2024011352］
四川省人民代表大会常务委员会关于川渝高竹新区行政管理事项的决定	2024 年 7 月 29 日	国司备字［2024011353］
成都东部新区条例	2024 年 7 月 29 日	国司备字［2024011356］
成都市人民代表大会常务委员会关于修改《成都市专利保护和促进条例》的决定	2024 年 8 月 1 日	国司备字［2024011357］
自贡市彩灯文化保护条例	2024 年 8 月 1 日	国司备字［2024011358］
四川攀枝花苏铁国家级自然保护区条例	2024 年 8 月 1 日	国司备字［2024011365］
泸州市加强基层社会治理网格化服务管理条例	2024 年 8 月 19 日	国司备字［2024011366］
绵阳市海绵城市建设管理条例	2024 年 7 月 30 日	国司备字［2024011367］
遂宁市人民代表大会常务委员会关于修改《遂宁市人民代表大会及其常务委员会立法条例》的决定	2024 年 8 月 5 日	国司备字［2024011368］
南充市人民代表大会常务委员会关于修改《南充市城市园林绿化条例》、《南充市城镇环境卫生管理条例》的决定	2024 年 8 月 1 日	国司备字［2024011404］
宜宾市违法建设治理条例	2024 年 8 月 5 日	国司备字［2024011369］
眉山市优化营商环境条例	2024 年 7 月 31 日	国司备字［2024011370］
乐山市畜禽水产养殖污染防治条例	2024 年 7 月 29 日	国司备字［2024011371］
资阳市农贸市场管理条例	2024 年 7 月 31 日	国司备字［2024011372］

续表

法规名称	公布日期	备案登记编号
安顺市海绵城市建设管理条例	2024 年 8 月 9 日	国司备字［2024011299］
铜仁市人民代表大会常务委员会关于修改《铜仁市住宅物业管理条例》个别条款的决定	2024 年 8 月 1 日	国司备字［2024011300］
云南省漾濞彝族自治县历史文化名城保护管理条例	2024 年 8 月 16 日	国司备字［2024011280］
云南省维西傈僳族自治县非物质文化遗产保护条例	2024 年 8 月 27 日	国司备字［2024011375］
西安市人民代表大会常务委员会关于废止《西安市制止价格欺诈和牟取暴利条例》的决定	2024 年 8 月 22 日	国司备字［2024011344］
西安市人民代表大会常务委员会关于修改《西安市水环境保护条例》等九部地方性法规的决定	2024 年 7 月 5 日	国司备字［2024011417］
咸阳市人民代表大会常务委员会关于修改《咸阳市地方立法条例》的决定	2024 年 8 月 7 日	国司备字［2024011293］
铜川市人民代表大会常务委员会关于修改《铜川市地方立法条例》的决定	2024 年 8 月 6 日	国司备字［2024011294］
渭南市湿地保护条例	2024 年 7 月 26 日	国司备字［2024011416］
安康市历史文化街区保护条例	2024 年 7 月 26 日	国司备字［2024011295］
兰州市黄河风情线大景区保护管理条例	2024 年 8 月 7 日	国司备字［2024011346］
酒泉市文明行为促进条例	2024 年 8 月 12 日	国司备字［2024011376］
酒泉市人民代表大会常务委员会关于修改《酒泉市人民代表大会及其常务委员会立法程序规则》的决定	2024 年 8 月 13 日	国司备字［2024011394］

续表

法规名称	公布日期	备案登记编号
平凉市人民代表大会常务委员会关于修改《平凉市地方立法条例》的决定	2024年8月1日	国司备字[2024011378]
庆阳市人民代表大会常务委员会关于修改《庆阳市人民代表大会及其常务委员会立法程序规则》的决定	2024年8月13日	国司备字[2024011347]
天水市人民代表大会常务委员会关于修改《天水市人民代表大会及其常务委员会立法条例》的决定	2024年8月15日	国司备字[2024011377]
白银市人民代表大会常务委员会关于修改《白银市人民代表大会及其常务委员会立法条例》的决定	2024年7月31日	国司备字[2024011395]
定西市人民代表大会常务委员会关于修改《定西市物业管理条例》的决定	2024年8月6日	国司备字[2024011320]
甘肃省临夏回族自治州花儿保护传承条例	2024年8月6日	国司备字[2024011318]
临夏回族自治州城市机动车停车管理条例	2024年8月6日	国司备字[2024011319]
甘肃省天祝藏族自治县草原条例	2024年8月27日	国司备字[2024011379]
黄南藏族自治州传统村落保护条例	2024年7月25日	国司备字[2024011345]
黄南藏族自治州人民代表大会及其常务委员会立法条例	2024年7月25日	国司备字[2024011443]
克拉玛依市城市道路交通秩序管理条例	2024年8月5日	国司备字[2024011407]
吐鲁番市艾丁湖湿地保护条例	2024年7月31日	国司备字[2024011408]
昌吉回族自治州煤矿安全智能化建设促进条例	2024年6月28日	国司备字[2024011393]
昌吉回族自治州平安建设促进条例	2024年8月29日	国司备字[2024011413]

续表

法规名称	公布日期	备案登记编号
伊犁哈萨克自治州伊犁马保护与利用条例	2024 年 8 月 31 日	国司备字［2024011412］
克孜勒苏柯尔克孜自治州绿色矿山建设促进条例	2024 年 8 月 13 日	国司备字［2024011410］
克孜勒苏柯尔克孜自治州城市机动车停车场建设管理条例	2024 年 8 月 13 日	国司备字［2024011411］
巴音郭楞蒙古自治州人民代表大会常务委员会关于修改《巴音郭楞蒙古自治州燃气管理条例》的决定	2024 年 8 月 12 日	国司备字［2024011409］

地方政府规章

规章名称	公布日期	备案登记编号
张家口市人民政府关于废止《张家口市停车场管理办法》的决定	2024 年 6 月 19 日	国司备字［2024011360］
晋中市消防车通道管理办法	2024 年 9 月 10 日	国司备字［2024011433］
内蒙古自治区重特大事件档案管理办法	2024 年 9 月 11 日	国司备字［2024011435］
沈阳市人民政府关于废止《沈阳市社区工作暂行办法》等部分政府规章的决定	2024 年 8 月 9 日	国司备字［2024011272］
大庆市人民政府关于废止《大庆市人民政府规章制定办法》的决定	2024 年 9 月 5 日	国司备字［2024011430］
江苏省城建档案管理办法	2024 年 8 月 27 日	国司备字［2024011341］
徐州市公共消火栓管理办法	2024 年 8 月 27 日	国司备字［2024011364］
杭州市气候资源保护和利用办法	2024 年 8 月 27 日	国司备字［2024011343］

续表

规章名称	公布日期	备案登记编号
绍兴市合法性审查工作规定	2024 年 9 月 13 日	国司备字［2024011437］
合肥市人民政府关于修改《合肥市畜产品质量安全监督管理办法》等政府规章的决定	2024 年 8 月 14 日	国司备字［2024011419］
宿州市消防车通道管理规定	2024 年 8 月 26 日	国司备字［2024011423］
芜湖市市区机动车停车场管理办法	2024 年 8 月 23 日	国司备字［2024011424］
黄山市不动产登记若干规定	2024 年 7 月 31 日	国司备字［2024011297］
宁德市城市建筑垃圾管理办法	2024 年 7 月 7 日	国司备字［2024011434］
江西省市政消火栓管理办法	2024 年 8 月 7 日	国司备字［2024011286］
济南市公共数据开放利用管理办法	2024 年 9 月 4 日	国司备字［2024011431］
洛阳市人民政府关于废止洛阳市养犬管理办法的决定	2024 年 8 月 6 日	国司备字［2024011351］
驻马店市城市生活垃圾分类管理办法	2024 年 9 月 3 日	国司备字［2024011440］
信阳市城市生活垃圾分类管理办法	2024 年 8 月 30 日	国司备字［2024011438］
邵阳市餐厨垃圾管理办法	2024 年 8 月 12 日	国司备字［2024011337］
广州市人民政府关于将部分市级行政职权事项调整由南沙区实施的决定	2024 年 7 月 25 日	国司备字［2024011273］
佛山市爱国卫生工作规定	2024 年 8 月 23 日	国司备字［2024011336］
潮州市城市建筑外立面管理办法	2024 年 7 月 15 日	国司备字［2024011296］

续表

规章名称	公布日期	备案登记编号
揭阳市餐厨垃圾管理办法	2024 年 7 月 23 日	国司备字［2024011354］
三亚市优化营商环境规定	2024 年 9 月 18 日	国司备字［2024011436］
成都市邛崃区域酒类产业发展促进办法	2024 年 7 月 29 日	国司备字［2024011284］
成都市人民政府关于废止《成都市环境噪声(震动)管理条例实施细则》的决定	2024 年 8 月 28 日	国司备字［2024011342］
六盘水市住宅专项维修资金管理办法(试行)	2024 年 7 月 12 日	国司备字［2024011355］
西藏自治区行政执法人员资格认证和行政执法证管理办法	2024 年 7 月 10 日	国司备字［2024011291］
拉萨市殡葬管理办法	2024 年 9 月 19 日	国司备字［2024011439］
日喀则市查处摩托车载客牟利行为若干规定	2024 年 9 月 5 日	国司备字［2024011432］
青海省医疗纠纷预防和处理办法	2024 年 8 月 23 日	国司备字［2024011361］
乌鲁木齐市生活垃圾处理费管理办法	2024 年 8 月 24 日	国司备字［2024011425］

图书在版编目(CIP)数据

中华人民共和国新法规汇编. 2024年. 第10辑 : 总第332辑 / 司法部编. -- 北京 : 中国法治出版社, 2025. 3. -- ISBN 978-7-5216-5068-6

Ⅰ. D920.9

中国国家版本馆CIP数据核字第20250EL344号

中华人民共和国新法规汇编

ZHONGHUA RENMIN GONGHEGUO XIN FAGUI HUIBIAN

(2024年第10辑)

编者/司法部

经销/新华书店

印刷/三河市紫恒印装有限公司

开本/850毫米×1168毫米 32开 印张/6.5 字数/142千

版次/2025年3月第1版 2025年3月第1次印刷

中国法治出版社出版

书号 ISBN 978-7-5216-5068-6 定价:18.00元

北京市西城区西便门西里甲16号西便门办公区

邮政编码:100053 传真:010-63141600

网址:http://www.zgfzs.com **编辑部电话:010-63141663**

市场营销部电话:010-63141612 **印务部电话:010-63141606**